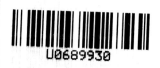

四部要籍選刊

蔣鵬翔 主編

阮刻禮記注疏

十三

（清）阮元 校刻

浙江大學出版社

本册目録(十三)

附釋音禮記注疏卷第五十二

禮記　鄭氏注　孔穎達疏

中庸第三十一。陸曰鄭云以其記中和之爲用也庸用也孔子之孫子思作之以昭明聖祖之德也。〈疏〉正義曰案鄭目録云名曰中庸者以其記中和之爲用也庸用也孔子之孫子思伋作之以昭明聖祖之德此於別録屬通論

天命之謂性率性之謂道脩道之謂教天命謂天所命生人者也是謂性命木神則仁金神則義火神則禮水神則信土神則知孝經說曰性者生之質命人所稟受度也率循也循性行之是謂道脩治也治而廣之人放傚之是曰教。率所律反知音智下知者大知皆同放方往反傚胡教反。

道也者不可須臾離也可離非道也道猶道路也出入動作由之離之惡乎從也。離力智反下及注同惡音烏。是故君子戒愼乎其所

不睹恐懼乎其所不聞小人閒居爲不善無所不至也君子則不然雖視之無人聽之無聲猶戒愼恐懼自脩正是其不須臾離道。睹丁古反恐匡勇反注同閒音閑下同。莫見乎隱莫顯乎微故君子愼其獨也愼獨者愼其閒居之所爲小人於隱者動作言語自以爲不見睹不見聞則必肆盡其情也若有佔聽之者是爲顯見甚於衆人之中爲之。見賢遍反注顯見同一音如字佔勑廉反喜怒哀樂之未發謂之中發而皆中節謂之和中也者天下之大本也和也者天下之達道也中爲大本者以其含喜怒哀樂禮之所由生政教自此出也。樂音洛注同中丁仲反下注爲之中同。致中和天地位焉萬物育焉致行之至也位猶正也育生也長也。長丁丈反。〔疏〕天命至育焉。正義曰此節明中庸之德必脩道而行謂子思欲明中庸先本於道。天命之謂性者天本無體亦無言語之命但人感自然而生有賢愚吉凶若天之付命遣使之然故云天命老子

云道本無名強名之曰道但人自然感生有剛柔好惡或仁
或義或禮或知或信是天性自然故云謂之性○率性之謂
道率循也道者通物之名言依循性之所感而行不令違越
是之曰道感仁行仁感義行義之屬不失其常合於道理使
得通達是率性之謂道○脩道之謂教謂人君在上脩行此
道以教於下是脩道之謂教也○注天命至曰教○正義曰
云天命謂天所命生人者也是謂性命案易乾彖云乾道變
化各正性命是也云木神則仁者皇氏云東方春春主施生
仁亦主施生云金神則義者秋爲金金主嚴殺義亦果敢斷
決也云火神則禮者夏爲火火主照物而有分別禮主分
別云水神則信冬主閉藏充實不虛水有內明不欺於物信
亦不虛詐也云土神則知者金木水火土無所不載土所含
義者多知亦所含者衆故云土神則知云孝經說曰性者生
之質命人所稟受度也不云命者鄭以通解性命爲一故不
復言命但性情之義說者不通亦畧言之賀瑒云性之與情
猶波之與水靜時是水動則是波靜時是性動則是情案左
傳云天有六氣降而生五行至於含生之類皆感五行生矣
唯人獨稟秀氣故禮運云人者五行之秀氣被色而生既有
五常仁義禮智信因五常而有六情則性之與情似金與鐶
印鐶印之用非金亦因金而有鐶印情之所用非性亦因性

而有情則性者靜情者動故樂記云人生而靜天之性也感於物而動性之欲也故詩序云情動於中是也但感五行在人爲五常得其清氣備者則爲聖人得其濁氣簡者則爲愚人降聖以下愚人以上所稟或多或少不可言一故分爲九等孔子云唯上智與下愚不移二者之外逐物移矣故論語云性相近習相遠也亦據中人七等也道也者不可須臾離也者此謂聖人脩行仁義禮知信以爲教化道猶道路也道者開通性命猶如道路開通於人人行於道路不可須臾離也若離道則礙難不通猶善道須與離棄則身有患害而生也可離非道也者若荒梗塞澀之處是可離棄以非道路之所由猶如凶惡邪僻之行是可離棄以亦非善道之行故云可離非道也○是故君子戒慎乎其所不睹者言君子行道先慮其微若微能先慮則必合於道故君子恒常戒於其所不睹之處人雖月不睹之處猶戒慎況其惡事睹見而肯犯乎故君子恒常戒慎之○恐懼乎其所不聞者言君子恒恐迫畏懼於所不聞之處言雖耳所不聞恒懷恐懼之不睹不聞猶須恐懼況睹聞之處恐懼可知也○莫見乎隱莫顯乎微者莫無也言凡在衆人之中猶知所畏及至幽隱之處謂人不見便即恣情人皆佔聽察見罪狀甚於衆人之中所以恒須慎懼如此以罪過愆失無見於幽隱之處無顯露於細

微之所也。故君子慎其獨也者以其隱微之處恐其罪惡彰顯故君子之人恒慎其獨居言言雖曰獨居能謹慎守道也。喜怒哀樂之未發謂之中者言喜怒哀樂緣事而生未發之時澹然虛靜心無所慮而當於理故謂之中。發而皆中節謂之和者不能寂靜而有喜怒哀樂之情雖復動發皆中節限猶如鹽梅相得性行和諧故云謂之和。中也者天下之大本也者言情慾未發是人性初本故曰天下之大本也。和也者天下之達道也者言情慾雖發而能和合道理可通達流行故曰天下之達道也。致中和天地位焉萬物育焉致至也位正也育生長也言人君所能至極中和使陰陽不錯則天地得其正位焉生成得理故萬物其養育焉

仲尼曰君子中庸小人反中庸君子之中庸也君子而時中小人之中庸也小人而無忌憚也庸常也用中爲常道也反中庸者所行非中庸然亦自以爲中庸也君子而時中者其容貌君子而又時節其中也小人而無忌憚其容貌小人又以無畏難爲常行是其反中庸也。小人之中庸也王肅本作小人之反中庸也忌憚徒旦反忌畏也憚難也難乃旦反行下孟反

子

曰中庸其至矣乎民鮮能久矣鮮罕也言中庸爲道至美顧人罕能久行。中庸其至矣乎一本作中庸之爲德其至矣乎鮮息淺反下及注同罕胡坦反希也少也子曰道之不行也我知之矣知者過之愚者不及也道之不明也我知之矣賢者過之不肖者不及也人莫不飲食也鮮能知味也罕知其味謂愚者所以不及也過與不及使道不行唯禮能爲之中。知音智下文大知也予知注有知皆同肖音笑下同子曰道其不行矣夫閔無明君教之。夫音扶〔疏〕仲尼至矣夫。正義曰此一節是子思引仲尼之言廣明中庸之行賢者過之不肖者不及也中庸之道鮮能行之。君子中庸者庸常也君子之人用中以爲常故云君子中庸。小人反中庸者小人則不用中爲常是反中庸也。君子之中庸也君子而時中者此覆說君子中庸之事言君子之爲中庸容貌爲君子心行而時節其中謂喜怒不過節也故云君子而時中。小人之中庸也小人而無忌憚也者此覆說小人反中庸之事言小人爲中庸形貌爲小人而心行無所忌憚故云小人而無忌憚也小人將此以爲常亦以爲中庸故云小人之中庸也。子曰中庸其至矣乎。前既言君子小人不同此又歎中庸之美人寡能久行其中庸之德至極美乎。民鮮能久矣者。但寡能長久而行鮮罕也言中庸爲至美故人罕能久行之。子曰道之不行也我知之矣者此覆說人寡能行中庸之事。道之所以不行者言我知其道之不行所由故云我知之矣。知者過之愚者不及也以輕於道道故過之以遠於道故不及。道之不明也我知之矣者言道之所以不顯明我亦知其所由也。賢者過之不肖者不及也言道之不行爲易故知者過之愚者不及道之不明爲難故云賢者過之不肖者不及是以變知稱賢變愚稱不肖是賢勝於智不肖勝於愚也。人莫不飲食也鮮能知味也者言飲食易也知味難也猶言人莫不行中庸但鮮能久行之言知之者易行之者難所謂愚者不能及中庸也案異義云張華辨鮓師曠別薪符朗爲青州刺史善能知味食雞知棲半露食鵝知其黑白此皆晉書文也子曰道其不行久矣夫者夫子既傷道之不行又哀閔傷之云時無明君其道不復行也。注反中至庸也。正義曰反中庸者所行非中庸者言用非中以爲常是反中庸故云所行非中庸云亦自以爲中庸也解經小人之中庸雖行惡事亦自謂爲中庸云其容貌君子而又時節其中也解經君子而時中云其容貌小人又以無畏難爲常行者解經小人而無忌憚既無忌憚則不時節其中庸也

子曰舜其大知也與舜好問而好察邇言隱惡而揚善執其兩端用其中於民其斯以爲舜乎

邇近也近言而善易以進人察而行之也兩端過與不及也用其中於民賢與不肖皆能行之也斯此也其德如此乃號爲舜舜之言充也○與音餘下强與皆同好呼報反下同易以豉反〔疏〕子曰至舜乎○正義曰此一經明舜能行中庸之行先察近言而後至於中庸也○舜其大知也與者既能包於大道又能察於近言即是大知也○執其兩端用其中於民者端謂頭緒謂知者過之愚者不及言舜能執持愚知兩端用其中道於民使愚知俱能行之○其斯以爲舜乎者斯此也以其德化如此故號之爲舜○注舜之言充也○正義曰案謚法云受禪成功曰舜又云仁義盛明曰舜皆是道德充滿之意故言舜爲充也○

子曰人皆曰予知驅而納諸罟擭陷阱

之中而莫之知辟也人皆曰予知擇乎中庸而不能期月守也予我也言凡人自謂有知人使之入罟不知辟也自謂擇中庸而爲之亦不能久行言其實愚又無恒○罟音古罔之摠名擭胡化反尚書傳云捕獸機檻陷陷沒之陷阱才性反本或作穽同阱穿地陷獸也說文云穽或爲阱字也辟音避注知辟辟害皆同期音基○[疏]子曰至守也○正義曰此一經明無知之人行中庸之事予我也世之愚人皆自謂言我有知○驅而納諸罟擭陷阱之中而莫之知辟也者此謂無知之人設譬也罟網也擭謂柞槨也陷阱謂坑也穿地爲坎豎鋒刃於中以陷獸也言禽獸被人所驅納於罟網擭陷阱之中而不知違辟似無知之人爲嗜欲所驅罪禍之中而不知辟即下文是也○擇乎中庸而不能期月守也者鄭云自謂擇中庸而爲之亦不能久行言其實愚又無恒也小人自謂選擇中庸而心行亦非中庸假令偶有中庸亦不能期帀一月而守之如入陷阱也○子曰回之爲人也擇乎中庸得一善則拳拳服膺而弗失之矣拳拳奉持之貌○拳音權又起阮反徐羌權反

膺徐音應又於陵反奉芳勇反子曰天下國家可均也爵祿可辭也白刃可蹈也中庸不可能也言中庸難爲之難○蹈音悼又徒報反○【疏】子曰至能也○正義曰此一節是夫子明顏回能行中庸言中庸之難也○得一善則拳拳服膺而弗失之矣者言顏回選擇中庸而行得一善事則形貌拳拳然奉持之膺謂胷膺言奉持守於善道弗敢棄失○子曰天下國家可均也天下謂天子國謂諸侯家謂卿大夫也○白刃可蹈也者言白刃雖利尚可履蹈而行之○中庸不可能也言在上諸事雖難猶可爲之唯中庸之道不可能也爲知者過之愚者不及言中庸難爲之難也子路問强强勇者所好也○强其良反下同好呼報反○子曰南方之强與北方之强與抑而强與言三者所以爲强者異也抑辭也而之言女也謂中國也○女音汝下抑女同寬柔以教不報無道南方之强也君子居之南方以舒緩爲强不報無道謂犯而不校也○校交孝反報也衽金革死而不

厭北方之強也而強者居之衽猶席也北方以剛猛爲強。衽而忍反又而鴆反厭於艷反故君子和而不流強哉矯中立而不倚強哉矯國有道不變塞焉強哉矯國無道至死不變強哉矯此抑女之強也流猶移也塞猶實也國有道不變以趨時國無道不變以辟害有道無道一也矯強貌塞或爲色。矯居表反下同倚依彼反徐其蟻反

疏「子路」至「哉矯」。○正義曰此一節明中庸之道亦兼中國之強子路聞孔子美顏回能擇中庸言已有強故問之問強中亦兼有中庸否庾氏云問強中之中庸者然此問之亦如論語云子謂顏淵曰用之則行舍之則藏唯我與爾有是夫子路曰子行三軍則誰與之類是也。「子曰南方之強與北方之強與抑而強與」者抑語助也而之言女也女子路也夫子將荅子路之問且先反問子路言強有多種女今所問問何者之強爲南方爲北方爲中國女所能之強也子路之強行中國之強也。「寬柔以教不報無道南方之強也君子居之」者反問既竟夫子遂爲歷解之南方謂荊陽之南其地多陽陽氣舒散人情寬緩和柔假

令人有無道加已已亦不報和柔爲君子之道故云君子居之○衽金革死而不厭北方之强也而强者居之者衽臥席也金革謂軍戎器械也北方沙漠之地其地多陰陰氣堅急故人性剛猛恒好鬬爭故以甲鎧爲席寢宿於中至死不厭非君子所處而强梁者居之然唯云南北不云東西者鄭沖云是必南北互舉蓋與東西俗同故不言也故君子和而不流强哉矯此以下皆述中國之强也流移也矯亦强貌也不爲南北之强故性行和合而不流移心行强哉形貌矯然○中立而不倚强哉矯者中正獨立而不偏倚志意强哉形貌矯然○國有道不變塞焉强哉矯者若國有道守直不變德行充實志意强哉形貌矯然○國無道至死不變强哉矯者若國之無道守善至死性不改變志意强哉形貌矯然○注此抑至强貌○正義曰此抑女之强也何以知之上文既說三種之强又見南方之强又見北方之强唯抑而之强未見故知此經所云者是抑女之强也云流移也者以其性和同必流移隨物合和而不移亦中庸之德也云國有道不變以趣時者國雖有道不能隨逐物以求榮利今不改變已志以趨會於時也云矯强貌者矯是壯大之形故云强貌也

子曰素隱行怪後世有述焉吾弗爲之矣素讀如攻城攻

其所傃之傃傃猶鄉也言方鄉辟害隱身而行詭譎以作後世名也弗爲之矣恥之也○傃音素鄉本又作嚮許亮反下皆同佹久委反下同譎音決君子遵道而行半塗而廢吾弗能已矣廢猶罷止也弗能已矣汲汲行道不爲時人之隱行○汲音急隱行下孟反○君子依乎中庸遯世不見知而不悔唯聖者能之言隱者當如此也唯舜爲能如此○遯本又作遁同徒頓反○君子之道費而隱言可隱之節也費猶佹也道不費則仕○費本又作拂同扶弗反徐音弗注同夫婦之愚可以與知焉及其至也雖聖人亦有所不知焉夫婦之不肖可以能行焉及其至也雖聖人亦有所不能焉與讀爲贊者皆與之與言匹夫匹婦愚耳亦可以其與有所知可以其能有所行者以其知行之極也聖人有不能如此舜好察邇言由此故與○以與音預注皆與之與以其與與同好呼報反故與與音餘天地

之大也人猶有所憾憾恨也天地至大無不覆載人尚有所恨焉況於聖人能盡備之乎○憾本又作感胡暗反注同故君子語大天下莫能載焉語小天下莫能破焉語猶說也所說大事謂先王之道也所說小事謂若愚不肖夫婦之知行也聖人盡兼行詩云鳶飛戾天魚躍于淵言其上下察也察猶著也言聖人之德至於天則鳶飛戾天至於地則魚躍于淵是其著明於天地也○鳶悅專反字又作鳶戾力計呂結二反躍羊灼反著張慮反下同君子之道造端乎夫婦及其至也察乎天地夫婦謂匹夫匹婦之所知所行○造在老反

【疏】子曰至天地○正義曰此一節論夫子雖隱遯之世亦行中庸又明中庸之道初則起於匹夫匹婦終則徧於天地○素隱行怪後世有述焉者素鄉也謂無道之世身鄉幽隱之處應須靜默若行怪異之事求立功名使後世有所述焉○吾弗爲之矣者恥之也如此之事我不能爲之以其身雖隱遯而名欲彰也○注素讀如攻城攻其所傃之傃○正義曰司馬法

文言身隱而行佹譎以作後世之名若許由洗耳之屬是也○君子遵道而行半塗而廢者言君子之人初既遵循道德而行當須行之終竟今不能終竟猶如人行於道路半塗而自休廢廢猶罷止也○吾弗能已矣已猶止也吾弗能如時人半塗而休止言汲汲行道無休已也○注不爲時人之隱行○正義曰謂作佹譎求名是也君子以隱終始行道不能止也○君子至能之○言君子依行中庸之德若值時無道隱遯於世雖有才德不爲時人所知而無悔恨之心如此者非凡人所能唯聖者能然若不能依行中庸者雖隱遯於世不爲人所知則有悔恨之心也○注唯舜爲能如此○正義曰知者史記云舜耕於歷山漁於雷澤陶於河濱是不見知而不悔○君子之道費而隱注云言可隱之節費猶佹也言君子之人遭値亂世道德違費則隱而不仕若道之不費則當仕也○夫婦之愚可以與知焉○言天下之事千端萬緒或細小之事雖夫婦之愚偶然與知其善惡若蒭蕘之言有可聽用故云與知○及其至也雖聖人亦有所不知焉者言道之至極如造化之理雖聖人不知其所由故云及其至也雖聖人亦有所不知焉○夫婦之不肖可以能行焉以行之至極故也前文據其知此文據其行以其知行有異故別起其文但知之易行之難故上文云夫婦之愚行之難故此經

云夫婦之不肖不肖勝於愚也○及其至也雖聖人亦有所不能焉者○知之與行之皆是至極既是至極故聖人有不能也○注與讀爲贊者皆與之與○正義曰士冠禮云其饗冠者贊者皆與謂于與也云舜好察邇言由此故與者即愚夫愚婦有所識知故也與語助也天地之大也人猶有所憾者憾恨也言天地至大無物不養無物不覆載如冬寒夏暑人猶有怨恨之猶如聖人之德無善不包人猶怨之是不可備也中庸之道於理爲難大小兼包始可以備也○故君子語大天下莫能載焉者語說也大謂先王之道言君子語說先王之道其事既大天下之人無能勝載之者○語小天下莫能破焉者○若說細碎小事謂愚不肖事既纖細天下之人無能分破之者言事似秋毫不可分破也○注聖人盡兼行○正義曰謂兼行大小之事小事則愚夫愚婦所知行大事則先王之道前文云雖聖人有所不知不能此云大事聖人兼行之者前云有所不知不能謂於小事不勝匹夫匹婦耳非謂大事不能也故此云盡兼行之○詩云鳶飛戻天魚躍于淵言其上下察也者詩大雅旱麓之篇美文王之詩引之者言聖人之德上至於天則鳶飛戻天是翱翔得所聖人之德下至於地則魚躍于淵是游泳得所言聖人之德上下明察詩本文云鳶飛戻天喻惡人遠去魚躍于淵喻善人得

所此引斷章故與詩義有異也○君子之道造端乎夫婦者
言君子行道初始造立端緒起於匹夫匹婦之所知所行者
○及其至也察乎天地者言雖起於匹夫匹婦
所知所行及其至極之時明察於上下天地也**子曰道**
不遠人人之爲道而遠人不可以爲道言道即不遠於
人人不能行也**詩云伐柯伐柯其則不遠執柯以伐柯**
睨而視之猶以爲遠則法也言持柯以伐木將以爲柯近以柯爲尺寸之法此法不
遠人人尚遠之明爲道不可以遠○柯古何反睨徐音詣睥睨也○**故君子以人治人**
改而止言人有罪過君子以人道治之其人改則止赦之不責以人所不能**忠恕違道**
不遠施諸己而不願亦勿施於人違猶去也**君子之**
道四丘未能一焉所求乎子以事父未能也
所求乎臣以事君未能也所求乎弟以事兄

未能也所求乎朋友先施之未能也聖人而曰我未能明人當勉之無已庸德之行庸言之謹有所不足不敢不勉有餘不敢盡言顧行行顧言庸猶常也言德常行也言常謹也聖人之行實過於人有餘不敢盡常爲人法從禮也○行行皆下孟反注聖人之行同或一讀皆如字君子胡不慥慥爾君子謂衆賢也慥慥守實言行相應之貌○慥七到反行下孟反應於陵反舊音應對之應○君子素其位而行不願乎其外素富貴行乎富貴素貧賤行乎貧賤素夷狄行乎夷狄○素患難行乎患難君子無入而不自得焉傃皆讀爲素不願乎其外謂思不出其位也自得謂所鄉不失其道○難乃旦反下同○在上位不陵下在下位不援上○援謂牽持之也援音園注同正己而不求於

人則無怨上不怨天下不尤人無怨人無怨之者也論語曰君子求諸己小人求諸人。己音紀怨於願反又於元反下及注並同故君子居易以俟命易猶平安也俟命聽天任命也險謂傾危之道。易以豉反注同徼古堯反小人行險以徼幸

【疏】子曰至徼幸。正義曰此一節明中庸之道去人不遠但行於己則外能及物道不遠人者言中庸之道不遠離於人身但人能行之於己則是中庸也人之為道而遠人不可以為道言人為中庸之道當附近於人謂人所能行則己所行可以為道若違理離遠則不可施於己又不可行於人則非道也故云人之為道而遠人不可以為道也。詩云伐柯伐柯其則不遠執柯以伐柯睨而視之猶以為遠此豳風伐柯之篇美周公之詩柯斧柄也周禮云柯長三尺博三寸則法也言伐柯斫也柯柄長短其法不遠也但執柯睨而視之猶以為遠言欲行其道於人其法亦不遠但近取法於身何異持柯以伐柯人猶以為遠明為道之法亦不可以遠即所不願於上無以交於下所不願於下無以事上況是在身外於他人之處欲以為道何可得乎明行道在於身而求道也。故君子以人治人改而止者以道去人不遠言

人有過君子當以人道治此有過之人改而止若人自改而休止不須更責不能之事若人所不能則己亦不能是行道在於己身也。忠恕違道不遠也。忠者內盡於心恕者外不欺物恕忖也忖度其義於人違去也言身行忠恕則去道不遠也。施諸己而不願亦勿施於人者諸於也他人有一不善之事施之於己己所不願亦勿施於人人亦不願故也所求乎子以事父未能也言此四者欲明求之於他人必先行之於己欲求其子以孝道事己己須以孝道事父母故云所求乎子以事父未能也恐人未能行之夫子聖人聖人猶曰我未能行凡人當勉之無已。所求乎臣以事君未能也譬如己是諸侯欲求於臣以忠事己己當先行忠於天子及廟中事尸是全臣道也所求乎朋友先施之未能也欲求朋友以恩惠施己則己當先施恩惠於朋友也庸德之行庸言之謹庸常也謂自修己身常以德而行常以言而謹也。有所不足不敢不勉謂己之才行有所不足之處不敢不勉而行之。有餘不敢盡謂己之才行有餘於人常持謙退不敢盡其才行以過於人。言顧行行者使言不過行恒顧視於行。行顧言者使行副於言謂恒顧視於言也。君子胡不慥慥爾慥慥守實言行相應之貌胡猶何也既顧言行相副君子何得不慥慥然守實言行相應之道也。君子素其位而行不願乎其外至行乎患難素鄉也鄉其所居之位而行其所行之事不願行在位外之事論語云君子思不出其位也鄉富貴之中行道於富貴謂不驕不淫也鄉貧賤之中則行道於貧賤謂不諂不懾也鄉夷狄之中行道於夷狄夷狄雖陋雖隨其俗而守道不改鄉患難之中行道於患難而臨危不傾守死於善道也○君子無入而不自得焉者言君子所入之處皆守善道在上位不陵下此素富貴行富貴也若身處富貴依我常正之性不使富貴以陵人若以富貴陵人是不行富貴之道○在下位不援上者此素貧賤行貧賤也援牽持也若身處貧賤則安之宜令自樂不得援牽富貴若以援牽富貴是不行貧賤之道○正己而不求於人則無怨此素夷狄行夷狄也若身入夷狄夷狄無禮義當自正己而行不得求於彼人則彼人無怨己者論語云言忠信行篤敬雖之夷狄不可棄○上不怨天下不尤人此素患難行患難也尤過也責也苟皆應之患難則亦甘爲不得上怨天下尤人故論語云不怨天不尤人是也○故君子居易以俟命者易謂平安也言君子以道自處恒居平安之中以聽待天命也○小人行險以徼幸小人以惡自居恒行險難傾危之事以徼求榮幸之道論語曰不仁者不可以久處約是也○

子曰射有似乎君子失

諸正鵠反求諸其身反求於其身不以怨人畫曰正棲皮曰鵠○正音征注同鵠古毒反注同正鵠皆鳥名也一曰正正也鵠直也大射則張皮侯而棲鵠賓射張布侯而設正也棲細兮反君子之道辟如行遠必自邇辟如登高必自卑自從也邇近也行之以近者卑者始以漸致之高遠○辟音譬下同邇音爾卑音婢又如字注同○詩曰妻子好合如鼓瑟琴兄弟既翕和樂且耽宜爾室家樂爾妻帑琴瑟聲相應和也翕合也耽亦樂也古者謂子孫曰帑此詩言和室家之道自近者始○好呼報反翕許急反樂音洛下及注同耽丁南反帑音奴子孫也本又作孥同尚書傳毛詩箋並云子也杜預注左傳云妻子也應應對之應和胡臥反子曰父母其順矣乎謂其教令行使室家順○

〔疏〕○子曰至妻帑○正義曰以上雖行道在於已身故此一節覆明行道在身之事以射譬之○射有似乎君子者言凡人之射有似乎君子之道○失諸正鵠反求諸其身者諸於也求責也正謂賓射之侯鵠謂大射之侯言射者失於

正鵠謂矢不中正鵠不責他人反鄉自責其身言君子之人失道於外亦反自責於已君子之道譬如行遠必自邇譬如登高必自卑者自從也邇近也卑下也行之以遠者近之始升之以高高者卑之始言以漸至高遠不云近者遠始卑者高始但勤行其道於身然後能被於物而可謂之高遠耳○詩云妻子好合如鼓瑟琴兄弟既翕和樂且耽此小雅常棣之篇美文王之詩記人引此者言行道之法自近始猶如詩人之所云欲和遠人先和其妻子兄弟故云妻子好合情意相得如似鼓彈瑟與琴音聲相和也兄弟盡皆翕合情意和樂且復耽之耽之者是相好之甚也宜爾室家樂爾妻帑者宜善爾之室家愛樂爾之妻帑帑子也古者謂子孫爲帑故甘誓云予則帑戮汝於人則妻子爲帑於鳥則鳥尾爲帑左傳云以害鳥帑是也○子曰父母其順矣乎者○正義曰因上和於遠人先和室家故此一經次之父母其順矣乎謂父母能以教令行乎室家其和順矣乎言中庸之道先使室家和順乃能和順於外即上云道不遠施諸已

子曰鬼神之爲德其盛矣乎視之而弗見聽之而弗聞體物而不可遺體猶生也可猶所也不有所遺言萬物無不以鬼神之氣生也

使天下之人齊明盛服以承祭祀洋洋乎如在其上如在其左右明猶潔也洋洋人想思其傍僾之貌○齊側皆反本亦作齋洋音羊傍皇薄剛反謂左右也徐方岡反僾徐於愷反又音愛○詩曰神之格思不可度思矧可射思格來也矧況也射厭也思皆聲之助言神之來其形象不可億度而知事之盡敬而已況可厭倦乎○格古百反度待洛反注同矧詩忍反注同射音亦厭於豔反字又作厭下同盡子忍反夫微之顯誠之不可揜如此夫言神無形而著不言而誠○揜音掩於檢反此夫音扶【疏】子曰至此夫○正義曰此一節明鬼神之道無形而能顯著誠信中庸之道與鬼神之道相似亦從微至著不言而自誠也○體物而不可遺者體猶生也可猶所也言萬物生而有形體故云體物而不可遺者言鬼神之道生養萬物無不周徧而不有所遺言萬物無不以鬼神之氣生也○使天下之人齊明盛服以承祭祀者明猶潔也言鬼神能生養萬物故天下之人齊戒明潔盛飾衣服以承祭祀○洋洋乎如在其上如在其左右者言鬼

神之形狀人想像之如在人之上如在人之左右想見其形也○詩曰神之格思不可度思矧可射思者格來也思辭也矧況也射厭也此大雅抑之篇刺厲王之詩詩人刺時人祭祀懈倦故云神之來至以其無形不可度知恒須恭敬況於祭祀之末可厭倦之乎言不可厭倦也記者引詩明鬼神之所尊敬也○夫微之顯者言鬼神之狀微昧不見而精靈與人爲吉凶是從微之顯也○誠之不可揜者言鬼神誠信不可揜蔽善者必降之以福惡者必降之以禍如此夫者此詩人所云何可厭倦夫語助也此鬼神即與易繫辭云是故知鬼神之情狀與天地相似以能生萬物也案彼注木火之神生物金水之鬼終物彼以春夏對秋冬故以春夏生物秋冬終物其實鬼神皆能生物終物也故此云體物而不可遺此雖說陰陽鬼神人之鬼神亦附陰陽之鬼神故此云齊明盛服以承祭祀是兼人之鬼神也○

子曰舜其大孝也與德爲聖人尊爲天子富有四海之内宗廟饗之子孫保之保安也○與音餘故大德必得其位必得其祿必得其名必得其壽名令聞也○聞

音問下令聞同。故天之生物必因其材而篤焉。材謂其質性也篤厚也言善者天厚其福惡者天厚其毒皆由其本而爲之。故栽者培之傾者覆之。栽讀如文王初載之栽栽猶殖也培益也今時人名草木之殖曰栽築牆立板亦曰栽栽或爲兹覆敗也。栽依注音災將才反注同植也培蒲回反覆芳伏反載之載並音災本或作哉同詩曰嘉樂君子憲憲令德宜民宜人受祿于天保佑命之自天申之故大德者必受命憲憲興盛之貌保安也佑助也。嘉戶嫁反詩本作假音同假嘉也皇音加善也憲音顯、注同一音如字佑音祐下注同〔疏〕子曰至受命。正義曰此一節明中庸之德故能富有天下受天之命也。子孫保之者師說云舜禪與禹何言保者此子孫承保祭祀故云保周時陳國是舜之後。故大德必得其位者以其德大能覆養天下故必得其位如孔子有大德而無其位以不應王錄雖有大德而無其位也案援神契云丘爲制法主黑綠不代蒼黃言孔子黑龍之精不合代周家木德之蒼也孔演圖又云聖人不空生必有所制以顯天心曰爲木鐸制天下法是也必得其壽者據舜言之而夫子不長壽以勤憂故也○故天之生物必因其材而篤焉材謂質性也篤厚也言天之所生隨物質性而厚之善者因厚其福舜禹是也惡者因厚其毒桀紂是也故四凶黜而舜受禪也○故栽者培之傾者覆之栽殖也培益也言道德自能豐殖則天因而培益之○傾者覆之者若無德自取傾危者天亦因而覆敗之也○注栽讀至曰栽○正義曰栽讀如文王初載之載者案詩大明云文王初載天作之合彼注云載識也言文王生適有所識天爲之生配謂生大姒此載爲栽殖者栽容兩義亦得爲識亦得爲殖此對傾者覆之故以爲栽殖云築牆立板亦曰栽者案莊二十九年左傳云水昏正而栽謂立板築也○詩曰嘉樂君子憲憲令德○此大雅嘉樂之篇美成王之詩嘉善也憲憲興盛之貌詩人言善樂君子此成王憲憲然有令善之德案詩本文憲憲爲顯顯與此不同者齊魯韓詩與毛詩不同故也○宜民宜人受祿於天保佑命之自天申之故大德者必受命者宜民謂宜養萬民宜人謂宜官人其德如此故受福于天佑助也保安也天乃保安佑助命之爲天子又申重福之作記者引證大德必受命之義則舜之爲也

子曰無憂者其唯文王乎以王季

爲父以武王爲子父作之子述之聖人以立法度爲大事子能述成之則何憂乎堯舜之父子則有凶頑禹湯之父子則寡令聞父子相成唯有文王武王纘大王王季文王之緒壹戎衣而有天下身不失天下之顯名尊爲天子富有四海之內宗廟饗之子孫保之纘繼也緒業也戎兵也衣讀如殷聲之誤也齊人言殷聲如衣虞夏商周氏者多矣今姓有衣者殷之冑與壹戎殷者壹用兵伐殷也○纘徐音纂哉管反大音泰下及注大王皆同壹戎衣依注衣作殷於巾反謂一用兵伐殷也尙書依字讀謂一著戎衣而天下大定冑與直救反下音餘武王末受命周公成文武之德追王大王王季上祀先公以天子之禮斯禮也達乎諸侯大夫及士庶人父爲大夫子爲士葬以大夫祭以士父

爲士子爲大夫葬以士祭以大夫期之喪達乎大夫三年之喪達乎天子父母之喪無貴賤一也末猶老也追王大王王季者以王迹起焉先公組紺以上至后稷也斯禮達於諸侯大夫士庶人者謂葬之從死者之爵祭之用生者之祿也言大夫葬以大夫士葬以士則追王者改葬之矣期之喪達於大夫者謂旁親所降在大功者其正統之期天子諸侯猶不降也大夫所降天子諸侯絕之不爲服所不臣乃服之也承葬祭說期三年之喪者明子事父以孝不用其尊卑變○末亡遏反追王于況反注追王同期音基注同組音祖紺古闇反組紺大王之父也亦曰諸盩盩音置留反以上時掌反不爲服于僞反〔疏〕子曰至一也○正義曰此一節明夫子論文王武王聖德相承王有天下上能追尊大王王季因明天子以下及士庶人葬祭祀之禮各隨文解之○以王季爲父以武王爲子父作之子述之者言文王以王季爲父則王季能制作禮樂文文王奉而行之文王以武王爲子武王又能述成文王之道故無憂也○武王纘大王王季文王之緒者纘繼也緒業也言武王能纘繼父祖之業以王天下也○壹戎衣而有天

下者戎兵也言一用兵伐殷而勝之也○注衣讀爲殷○正義曰案尚書武成云一戎衣謂一著戎衣而滅殷此云一者以經武王纘大王王季文王三人之業一用滅殷對三人之業爲一耳由三人之業故一身滅之鄭必以衣爲殷者以十一年觀兵于孟津十三年滅紂是再著戎服不得稱一戎衣故以衣爲殷故注云齊人言殷聲如衣○武王末受命此美周公之德也末猶老也謂武王年老而受命平定天下也斯禮也達乎諸侯大夫及士庶人者斯此也言周公尊崇先公之禮非直天子所行乃下達於諸侯大夫士庶人等無問尊卑皆得上尊祖父以已之祿祭其先人猶若周公以成王天子之禮祀其先公也○父爲大夫子爲士葬以大夫祭以士者謂父既爲大夫祭以士禮貶其先人而云尊之者欲明以已之祿祀其先人也○期之喪達乎大夫者欲見大夫之尊猶有期喪謂旁親所降在大功者得爲期喪還著大功之服故云達乎大夫若天子諸侯旁期之喪則不爲服也○三年之喪達乎天子者謂正統在三年之喪父母及適子并妻也達乎天子者言天子皆服之不云父母而云三年者包適子也天子爲后服期以三年包之者以后卒必待三年然後娶所以達子之志故通在三年之中是以昭十五年左傳云穆后崩大子壽卒叔向云王一歲而有三年之喪二焉是包后

爲三年也直云達乎天子不云諸侯者諸侯旁親尊同則不
降故喪服大功章云諸侯爲姑姊妹嫁於國君者是也○父
母之喪無貴賤一也唯父母之喪無問天子及士庶人其服
並同故云無貴賤一也○注末猶至畢變○正義曰末猶老
也者謂文王受命十一年武王觀兵於孟津白魚入王舟是
老而受命受命後七年而崩故鄭注洛誥文王受赤雀武王
俯取白魚皆七年是也云追王大王王季者以王迹起焉案
詩頌閟宫云大王居岐之陽實始翦商是王迹起也云先公
組紺以上至后稷也者組紺太王之父一名諸盩周本紀云
亞圉卒子太公叔穎立太公卒子古公亶父立又世本云亞
圉雲生太公組紺諸盩則叔穎組紺諸盩是一人也此文云
追王太王王季上祀先公則先公之中包后稷也故云組紺
以上至后稷也案司服云享先王則衮冕先公則鷩冕以后
稷爲周之始祖祫祭於廟當同先王用衮則先公無后稷也
故鄭注司服云先公不窋至諸盩若四時常祀唯后稷及太
王王季之等不得廣及先公故天保云禴祀烝嘗于公先王
是四時常祀但有后稷諸盩以下故鄭注天保云先公謂后
稷至諸盩此皆盡望經上下釋義故不同或有至字誤也云
則追王者改葬之矣者以太王王季身爲諸侯葬從死者之
爵則大王王季祇得爲諸侯葬禮不得言追王從天子法故

知追王之時而更改葬用天子禮案大傳云武王追王太王亶父王季歷此云周公追王不同者武王既伐紂追王布告天下周公追而改葬故不同也云朞之喪達於大夫者謂旁親所降在大功者熊氏云此對天子諸侯故云期之喪達乎大夫其實大夫為大功之喪得降小功小功之喪得降緦麻是大功小功皆達乎大夫熊氏又云天子為正統之喪適婦大功適孫之婦小功義或然但無正文耳云所不臣乃服之也者喪服傳云始封之君不臣諸父昆弟封君之子不臣諸父而臣昆弟但不臣者皆以本服服也○子曰武王周公其達孝矣乎

夫孝者善繼人之志善述人之事者也春秋脩其祖廟陳其宗器設其裳衣薦其時食脩謂掃糞也宗器祭器也裳衣先祖之遺衣服也設之當以授尸也時食四時祭也○埽悉報反糞弗運反本亦作攅亦作拚同宗廟之禮所以序昭穆也序爵所以辨貴賤也序事所以辨賢也旅酬下為上所以逮

賤也燕毛所以序齒也序猶次也爵謂公卿大夫士也事謂薦羞也以辨賢者以其事別所能也若司徒羞牛宗伯共雞牲矣文王世子曰宗廟之中以爵爲位崇德也宗人授事以官尊賢也旅酬下爲上者謂若特牲饋食之禮賓弟子兄弟之子各舉觶於其長也逮賤者宗廟之中以有事爲榮也燕謂既祭而燕也燕以髮色爲坐祭時尊尊也至燕親親也齒亦年也○昭常遥反穆又作繆音同逮本又作逮同音代燕於見反注並同別彼列反共音恭饋其位反觶音至長丁丈反下謂長同○踐其位行其禮奏其樂敬其所尊愛其所親事死如事生事亡如事存孝之至也踐猶升也其者其先祖也踐或爲纘郊社之禮所以事上帝也宗廟之禮所以祀乎其先也社祭地神不言后土者省文○省色領反明乎郊社之禮禘嘗之義治國其如示諸掌乎示讀如寘諸河干之寘寘置也物而在掌中易爲知力者也序爵辨賢尊尊親親治

國之要○示依注音寘之豉反易以豉反知力音智本亦無力字治之要也治直吏反一本作治國之要治則如字

【疏】子曰至掌乎○正義曰以前經論文王武王聖德相承此論武王周公上成先祖脩其宗廟行郊社之禮所以能治國如置物掌中也各隨文解之○夫孝者善繼人之志者人謂先人若文王有志伐紂武王能繼而承之尚書武成曰予小子其承厥志是善繼人之志也○善述人之事者也言文王有文德為王基而周公制禮以贊述之故洛誥云考朕昭子刑乃單文祖德是善述人之事也此是武王周公繼孝之事○宗廟之禮所以序昭穆也者若昭與昭齒穆與穆齒是也○序爵所以辨貴賤也者序謂次序爵謂公卿大夫士也謂祭祀之時公卿大夫各以其爵位齒列而助祭祀是辨貴賤也故文王世子云宗廟之中以爵為位崇德也宗人授事以官尊賢也是也○序事所以辨賢也者序謂薦羞也序謂次序所共祭祀之事若司徒奉牛司馬奉羊宗伯供雞是分別賢能堪任其官也○旅酬下為上所以逮賤也者旅眾也逮及也○謂祭末飲酒之時使一人舉觶之後至旅酬之時使卑者二人各舉觶於其長者卑下者先飲是下者為上賤人在先是恩意先及於賤者故云所以逮賤也案特牲饋食之禮主人洗爵獻長兄弟獻眾兄弟之後眾賓弟子于西階兄弟

弟子于東階各舉觶於其長也弟子等皆是下賤而得舉觶是有事於宗廟之中是其榮也又制受爵是逮賤也○燕毛所以序齒也者言祭末燕時以毛髮爲次序是所以序年齒也故注云燕謂既祭而燕也燕以髮色爲坐祭時尊尊也至燕親親也○踐其位行其禮者踐升也謂孝子升其先祖之位行祭祀之禮也○治國其如示諸掌乎注云示讀如寘諸河干之寘寘置也者若能明此序爵辨賢尊親則治理其國其事爲易猶如置物於掌中也

哀公問政子曰文武之政布在方策其人存則其政舉其人亡則其政息 方版也策簡也息猶滅也○方筴初革反版音板本亦作板○

人道敏政地道敏樹 敏猶勉也樹謂殖草木也人之無政若地無草木矣敏或爲謀

夫政也者蒲盧也 蒲盧蜾蠃謂土蜂也詩曰螟蛉有子蜾蠃負之螟蛉桑蟲也蒲盧取桑蟲之子去而變化之以成爲己子政之於百姓若蒲盧之於桑蟲然○蒲盧並如字爾雅云蜾蠃蒲盧卽今之細腰蜂也一名蠮螉蜾音果蠃力果反本亦作蠃音同蜂芳封反字亦作蠭同螟莫瓶反蛉音零己音紀○

故爲政

在人在於得賢人也取人以身脩身以道脩道以仁
取人以身言明君乃能得人仁者人也親親爲大義者宜也
尊賢爲大親親之殺尊賢之等禮所生也人也
讀如相人偶之人以人意相存問之言○殺色界反徐所例反在下位不獲乎上民不
可得而治矣此句其屬在下著脫誤重在此○治直吏反一音如字脫音奪重直用反故
君子不可以不脩身思脩身不可以不事親
思事親不可以不知人思知人不可以不知
天言修身乃知孝知孝乃知人知人乃知賢不肖知賢不肖乃知天命所保佑天下之達
道五所以行之者三曰君臣也父子也夫婦
也昆弟也朋友之交也五者天下之達道也

知仁勇三者天下之達德也所以行之者一也達者常行百王所不變也○知音智下近乎知注言有知皆同或生而知之或學而知之或困而知之及其知之一也困而知之謂長而見禮義之事已臨之而有不足乃始學而知之此達道也○長丁丈反已音紀或安而行之或利而行之或勉强而行之及其成功一也利謂貪榮名也勉强恥不若人○强其兩反注同○【疏】哀公至一也○正義曰此一節明哀公問政於孔子孔子荅以爲政之道在於取人脩身并明達道有五行之者三今各隨文解之○文武之政布在方策者言文王武王爲政之道皆布列在於方牘簡策○其人存則其政舉者雖在方策其事久遠此廣陳爲政之道其人謂賢人舉猶行也存謂道德存在也若得其人道德存在則能興行政教故云舉也○其人亡則其政息者息滅也其人若亡謂道德滅亡不能興舉於政教若位無賢臣政所以滅絕也○人道敏政者敏勉也言爲人君當勉力行政○地道敏樹者樹殖草木也言爲地之道亦勉

力生殖也人之無政若地無草木地既無心云勉力者以地
之生物無倦似若人勉力行政然也○夫政也者蒲盧也蒲
盧取桑蟲之子以爲已子善爲政者化養他民以爲已民若
蒲盧然也○故爲政在人言君行善政則民從之故欲爲善
政者在於得賢人也○取人以身明君欲取賢人先以脩正
已身則賢人至也○脩身以道言欲脩正其身先須行於道
德也○脩道以仁者言欲脩道德必須先脩仁義○仁者人
也親親爲大者仁謂仁愛相親偶也言行仁之法在於親偶
欲親偶疏人先親已親然後比親及疏故云親親爲大○義
者宜也尊賢爲大宜謂於事得宜即是其義故云義者宜也
若欲於事得宜莫過尊賢故云尊賢爲大○親親之殺尊賢
之等禮所生也者五服之節降殺不同是親親之衰殺公卿
大夫其爵各異是尊賢之等禮者所以辨明此上諸事故云
禮所生也○在下位不獲乎上者鄭謂此句應在下章著脫
誤重在此耳○故君子不可以不脩身思脩身不可以不事
親言思念脩身之道必先以孝爲本故云不可以不事親○
思事親不可以不知人既思事親不可不先擇友取人也○
思知人不可以不知天欲思擇人必先知天時所佑助也謂
人作善降之百祥作不善降之百殃當捨惡脩善也五者天
下之達道也五者謂君臣父子夫婦昆弟朋友之交皆是人

問常行道理事得開通故云達道也○知仁勇三者天下之達德也言知仁勇人所常行在身爲德故云天下之達德也○言百王用此三德以行五道五事爲本故云道三者爲末故云德若行五道必須三德無知不能識其理無仁不能安其事無勇不能果其行故必須三德也○所以行之者一也○言百王以來行此五道三德其義一也古今不變也○或生而知之謂天生自知也○或學而知之謂因學而知之或困而知之謂臨事有困由學乃知○及其知之一也言初知之時其事雖别既知之後並皆是知故云及其知之一也○或安而行之謂無所求爲安靜而行之○或利而行之謂貪其利益而行之行此五事得其榮名於已無害則利而行之也故論語云知者利仁是也○或勉强而行之或畏懼罪惡勉力自强而行之及其成功一也雖行之有異及其所行成功是一也言皆得成功矣皇氏云所知所行謂上五道三德今謂百行皆然非唯三五而已也○

子曰好學近乎知力行近乎仁知恥近乎勇知斯三者則知所以脩身知所以脩身則知所以治人知所以治人則知所

以治天下國家矣言有知有仁有勇乃知脩身則脩身以此三者爲基○好呼報反近附近之近下同行皇如字徐下孟反凡爲天下國家有九經曰脩身也尊賢也親親也敬大臣也體羣臣也子庶民也來百工也柔遠人也懷諸侯也體猶接納也子猶愛也遠人蕃國之諸侯也○子如字徐將吏反下句放此蕃方元反○脩身則道立尊賢則不惑親親則諸父昆弟不怨敬大臣則不眩體羣臣則士之報禮重子庶民則百姓勸來百工則財用足柔遠人則四方歸之懷諸侯則天下畏之不惑謀者良也不眩所任明也○眩玄遍反〔疏〕子曰至家矣○正義曰前文夫子荅哀公爲政須修身知人行五道三德之事此以下夫子更爲哀公廣說修身治天下之道有九種常行之

事又明修身在於至誠若能至誠所以贊天地動著。寵也博厚配地高明配天各隨文解之此一節覆明上生而知之學而知之困而知之。好學近乎知者覆前文或學而知之覆能好學無事不知故云近乎知也。力行近乎仁者此若前文或利而行之以其勉力行善故近乎仁也。知恥近乎勇者覆前文困而知之及勉強而行之以其知自羞恥勤行善事不避危難故近乎勇也前經生而知之不覆說者以其生知自然合聖故不須覆說也。凡爲天下國家有九經者此夫子爲哀公說治天下國家之道有九種常行之事論九經之次目也。體羣臣也者體謂接納言接納羣臣與之同體也。子庶民也者謂子愛庶民也。來百工也者謂招來百工也。脩身則道立者此一經覆說行九經則致其功用也脩身則道立者謂脩正其身不爲邪惡則道德興立也。尊賢則不惑者以賢人輔弼故臨事不惑所謀者善也。敬大臣則不眩者眩亦惑也以恭敬大臣任使分明故於事不惑前文不惑謀國家大事此云不眩謂謀國家衆事但所謀之事大小有殊所以異其文。體羣臣則士之報禮重者羣臣雖賤而君厚接納之則臣感君恩故爲君死於患難是報禮重也。子庶民則百姓勸子愛也言愛民如子則百姓勸勉以事上也。來百工則財用足百工興財用也君若賞賚招來之則百工皆自至故國家財用豐足。柔遠人則四方歸之遠謂蕃國之諸侯四方則蕃國也懷諸侯則天下畏之懷安撫也君若安撫懷之則諸侯服從兵強土廣故天下畏之 齊明盛服非禮不動所以脩身也去讒遠色賤貨而貴德所以勸賢也尊其位重其祿同其好惡所以勸親親也官盛任使所以勸大臣也忠信重祿所以勸士也時使薄斂所以勸百姓也日省月試既廩稱事所以勸百工也送往迎來嘉善而矜不能所以柔遠人也繼絕世舉廢國治亂持危朝聘以時厚往而薄來所以懷諸侯也同其好惡不特有所好惡於同姓雖恩不同義必同也尊重其祿位所以貴之不必授以官守天官不可私也官盛任使大臣皆有屬官所任使不親小事也忠信重祿有忠信者重其祿也時使使之以時日省月試考校其成功也既讀爲餼餼廩稍食也槀人職曰乘其事考其弓弩以下上其食○齊側皆反去起呂反遠于萬反好惡呼報反下烏路反又並如字注同斂力驗反又既依注音餼許氣反稟彼錦反一本又力錦反稱尺證反朝直遙反槀苦報反一音古老反上時掌反

【疏】齊明至侯也○正義曰此一節說行九經之法○齊明盛服者齊謂整齊明謂嚴明盛服謂正其衣冠是脩身之體也此等非禮不動是所以勸脩身○尊其位重其祿同其好惡所以勸親親也者尊其位謂授以大位重其祿謂重多其祿位崇重而已不可任以職事同其好惡好謂慶賞惡謂誅罰言於同姓既有親疎恩親雖不同義必須等故不特有所好惡○勸親親也者尊位重祿以勉之同其好惡以勵之是勸親親也○官盛任使所以勸大臣也官盛謂官之盛大有屬臣者當令任使屬臣不可以小事專勞大臣大臣懷德故云所以勸大臣也日省月試既稟稱事所以勸百工也既稟謂飲食糧稟也言在上每日省視百工功程每月試其所作之事又飲食糧稟稱當其事功多則稟厚功小則餼薄是所以勸百工也○治亂持危者○諸侯國內有亂則治討之危弱則扶持之○厚往而薄來所以懷諸侯也厚往謂諸

侯還國王者以其材賄厚重往報之薄來謂諸侯貢獻使輕薄而來如此則諸侯歸服故所以懷諸侯也。注尊重至其食。正義曰尊重其祿位者言同姓之親既非賢才但尊重其祿位榮貴之而已不必授以官守也云大臣皆有屬官所任使不親小事也者若周禮六卿其下各有屬官其細碎小事皆屬官爲之是不親小事也云既讀爲餼餼稟稍食也者以既與稟連文又與餼字聲同故讀既爲餼稍食者謂稍給之故周禮月終均其稍食是也引稾人職者證其餼稟稱事案周禮夏官稾人掌弓矢之材其職云乘其事乘謂計筭其所爲之事考其弓弩謂考校弓弩之善惡多少以下上其食下謂貶退上謂增益善者則增上其食惡者則減其食故也。

凡爲天下國家有九經所以行之者一也凡事豫則立不豫則廢言前定則不跲事前定則不困行前定則不疚道前定則不窮一謂當豫也跲躓也疚病也人不能病之。跲其劫反皇音給行下孟反疚音救躓徐音致。〔疏〕凡爲至不窮。正義曰此一節明前九經之法唯在豫前謀之故云所以行之者一也一謂豫也○言前定則不跲者案字林云跲躓也躓謂行倒蹶也將欲發言能豫前思定然後出口則言得流行不有躓蹶也○事前定則不困者困乏也言欲爲事之時先須豫前思定則臨事不困○行言定則不疚者疚病也言欲爲行之時豫前思定則行不疚病○道前定則不窮者言欲行道之時豫前謀定則道無窮也○注人不能病之○正義曰解經行前定則不疚人若行不豫前先定人或不信病害之既前定而後行故人不能病害也

附釋音禮記注疏卷第五十二

宋本[illegible]重刊
用文選樓藏本校

江西南昌府學栞

禮記注疏卷五十二挍勘記　阮元撰盧宣旬摘錄

附釋音禮記注疏卷第五十二 惠棟挍宋本禮記正義卷第六十

中庸第三十一

天命之謂性節

脩道之謂教 閩監本同石經同岳本同嘉靖本同衛氏集說同毛本脩作修卷內脩字並同

循性行之是謂道 閩監毛本同岳本同嘉靖本同衛氏集說同惠棟挍宋本是作之

若有佔聽之者 閩監毛本岳本嘉靖本同惠棟挍宋本佔作覘衛氏集說同釋文出有佔

天命至育焉 惠棟挍宋本無此五字

故云之謂性 惠棟挍宋本作之謂此本之謂二字倒閩監毛本同

孔子云唯上智與下愚不移 閩監本同考文引宋板智作知毛本智誤行

以非道路之所由猶如凶惡閩監毛本作由猶此本由猶二字倒

言言雖曰獨居閩監毛本不重言字此本誤重

萬物育焉致至也閩監毛本同惠棟挍宋本焉下有者字

言人君所能至極中和閩監本同毛本至作致

故萬物其養育焉閩監毛本同衞氏集說其上有得字

仲尼曰君子中庸節

仲尼至矣夫惠棟挍宋本無此五字

符朗爲青州刺史衞氏集說亦作符朗閩監本朗誤郎毛本朗字不誤符作苻

既無忌憚則不時節其中庸也閩監毛本同惠棟挍宋本無既無忌憚四字

子曰舜其大知也與節

子曰至舜乎　惠棟挍宋本無此五字

舜其大知也與者既能包於大道　閩監本同毛本與誤愚於誤容

子曰人皆曰予知節

子曰至守也　惠棟挍宋本無此五字

此謂無知之人設譬也　閩監毛本同盧文弨挍云謂疑作爲

穿地爲坎　閩監本同衛氏集說同毛本坎誤坑

爲嗜欲所驅罪禍之中　閩監本惠棟挍宋本罪上有入字禍字同衛氏集說同毛本入字亦脫禍誤陷

子路問强節

謂犯而不校也　各本同毛本校作挍

塞猶實也 毛本岳本嘉靖本衛氏集說同閩監本實字闕

子路至哉矯 惠棟按宋本無此五字

陰氣堅急 惠棟按宋本同衛氏集說同閩監毛本堅作褊

以其性和同必流移隨物 惠棟按宋本同閩本必字闕監毛本必誤不

今不改變已志 惠棟按宋本同閩監毛本改誤解

子曰素隱行怪節

素讀如攻城攻其所傃之傃 惠棟按宋本岳本嘉靖本同考文引古本足利本同閩監毛本如作爲衛氏集說亦作讀如疏放此○按敬齊古今黈引作如此條鄭易索作傃乃讀爲之例也

恥之也 惠棟按宋本作恥宋監本嘉靖本衛氏集說同考文引古本足利本同此本恥誤取閩監毛本同疏放此

與讀爲贊者皆與之與閩監毛本岳本嘉靖本同衞氏集說爲作如

子曰至天地惠棟挍宋本無此五字

但知之易行之難故上文云惠棟挍宋本行之難下更有知之易三字此本三字脫閩監毛本同

士冠禮云其饗冠者閩監毛本同惠棟挍宋本云誤文

起於匹夫匹婦之所知所行者閩監毛本同惠棟挍宋本者作也

子曰道不遠人節

所求乎子各本同毛本子誤于

傃皆讀爲素惠棟挍宋本作素讀皆爲傃宋監本岳本嘉靖本同考文引古本同此本誤倒閩監毛本同

子曰至徼幸　閩監本同毛本作子曰道不遠人人之爲道至險以徼幸惠棟按宋本無此五字

忠恕違道不遠也　閩監本同毛本也作者

夷狄雖陋雖隨其俗　閩監本同衞氏集說同惠棟按宋本下雖作亦毛本同

子曰射有似乎君子節

畫曰正　岳本同惠棟按宋本同嘉靖本同足利本同閩監毛本畫下有布字衞氏集說同岳本攷證云按正鳥名周禮射人賓射之儀畫布爲正是也原本無布字者以凡侯皆布爲之彩畫三分之一不必復言布耳乃省文非脫簡也

辟如行遠　閩監毛本岳本嘉靖本同惠棟按宋本辟作譬宋監本石經同南宋石經同衞氏集說同下辟如同釋文出辟如云音譬下同○按譬正字辟假借字

子曰至妻帑　惠棟按宋本無此五字

以上雖行道在於己身閩監毛本同浦鏜挍云雖疑言字誤

此小雅常棣之篇閩本同惠棟挍宋本同監毛本常誤棠衛氏集說亦作常

子曰鬼神之爲德節

視之而弗見各本同毛本視誤祝

子曰至此夫惠棟挍宋本無此五字

金水之鬼終物閩監本同衛氏集說同毛本鬼誤神

子曰舜其大孝也與節

今時人名草木之殖曰栽岳本嘉靖本同考文引宋板同閩監毛本殖作植

栽或爲茲閩監毛本同岳本同惠棟挍宋本宋監本嘉靖本茲並作滋考文引古本足利本同

受祿于天閩監本同石經同南宋石經同岳本同嘉靖本同衛氏集說同毛本于誤於

子曰至受命惠棟挍宋本無此五字

以不應王錄惠棟挍宋本同閩監毛本王作土

子曰無憂者節

子曰至一也惠棟挍宋本無此五字

是再著戎服閩監本同毛本服作衣

一名諸盩惠棟挍宋本盩作盩閩本作盩監毛本作盩衛氏集說同下諸盩並同按當作盩

云期之喪達於大夫者閩本同惠棟挍宋本同監毛本於作乎

子曰武王周公節

脩其祖廟閩監本同石經同南宋石經同岳本同嘉靖本同衛氏集說同毛本祖誤宗

脩謂埽糞也閩監毛本嘉靖本同岳本埽作埽衛氏集說同釋文亦作埽

先祖之遺衣服也　閩監本岳本嘉靖本同毛本遺誤衣

所以逮賤也　各本同石經同釋文出以遝云本又作逮按隶眔古音同十五部

若司徒羞牛　惠棟按宋本宋監本岳本嘉靖本衞氏集說同閩監毛本羞作奉

子曰至掌乎　惠棟按宋本無此五字

哀公問政節

布在方策　閩監毛本同石經同南宋石經同岳本同嘉靖本同衞氏集說同釋文策作筴

蒲盧蜾蠃　各本同釋文出蜾螺云本亦作蠃

乃知天命所保佑　惠棟按宋本宋監本岳本同考文引古本足利本同閩監毛本保誤府嘉靖本佑作祐

哀公至一也　惠棟按宋本無此五字

必先知天時所佑助也閩監毛本同惠棟挍宋本佑作祐

子曰好學近乎知節惠棟挍云子曰好學節宋本分凡爲天下國家之下另爲一節

子曰至家矣惠棟挍宋本無此五字

所以贊天地動蓍龜也惠棟挍宋本同閩本蓍龜也三字闕監毛本蓍龜作鬼神

覆前文或學而知之惠棟挍宋本作覆此本覆誤則閩監毛本同下此覆前文或利而行之同

若能好學惠棟挍宋本同閩監毛本若作蓋

以其知自羞恥勤行善事惠棟挍宋本同閩監毛本行善誤勉遇

凡爲天下國家有九經者惠棟挍宋本上有正義曰三字

體羣臣也者體謂接納閩監毛本同惠棟挍宋本無體羣臣也者五字山井鼎云宋板

此五字脫

前文不惑謀國家大事 閩監毛本同惠棟按宋本謀上有謂字

百工興財用也 閩監毛本同考文引宋板興作典

齊明盛服節

旣稟稱事 閩監毛本同石經同南宋石經同岳本同嘉靖本同衛氏集說同釋文稟作稾不誤

齊明至侯也 惠棟按宋本無此五字

謂官之盛大有屬臣者 閩本同惠棟按宋本同監毛本臣作官下任使屬臣同

故讀旣爲餼 閩監本同毛本餼字闕

禮記注疏卷五十二挍勘記

附釋音禮記注疏卷第五十三

禮記　　鄭氏注　　孔穎達疏

中庸

在下位不獲乎上民不可得而治矣獲得也言臣不得於君則不得居位治民獲乎上有道不信乎朋友不獲乎上矣信乎朋友有道不順乎親不信乎朋友矣順乎親有道反諸身不誠不順乎親矣誠身有道不明乎善不誠乎身矣言知善之為善乃能行誠

【疏】在下至身矣○正義曰此明為臣為人皆須誠信於身然後可得之事○在下位不獲乎上者獲得也言人臣處在下位不得於君上之意則不得居位以治民故云民不可得而治矣○獲乎上有道不信乎朋友不獲乎上矣者言臣欲得君上之

意先須有道德信著朋友若道德無信著乎朋友則不得君上之意矣言欲得上意先須信乎朋友也○信乎朋友有道不順乎親則不信乎朋友矣者言欲行信著於朋友先須有道順乎其親若不順乎其親則不信乎朋友矣○順乎親有道反諸身不誠不順乎親矣者言欲順乎親必須有道反於己身使有至誠若身不能至誠則不能順乎親矣○誠身有道不明乎善不誠乎身矣者言欲行至誠於身先須有道明乎善行若不明乎善行則不能至誠乎身矣言明乎善行始能至誠乎身能至誠乎身始能順乎親順乎親始能信乎朋友信乎朋友始能得君上之意得乎君上之意始得居位治民也

誠者天之道也誠之者人之道也誠者不勉而中不思而得從容中道聖人也誠之者擇善而固執之者也言誠者天性也誠之者學而誠之者也因誠身說有大至誠○中丁仲反又如字下中道同從七容反○

〔疏〕誠者至者也○正義曰前經欲明事君先須身有至誠此經明至誠之道天之性也則人當學其至誠之性是上天之道不爲而誠不思而得若天之性有。殺信著四時是天之道誠之者人之道也者言人能勉力學此至誠是人之道也不學則不得故云人之道○誠者不勉而中不思而得從容中道聖人也者此覆說上文誠者天之道也唯聖人能然謂不勉勵而自中當於善不思慮而自得於善從容閒暇而自中乎道以聖人性合於天道自然故云聖人也○誠之者擇善而固執之者也此覆說上文誠之者人之道也謂由學而致此至誠謂賢人也言選擇善事而堅固執之行之不已遂致至誠也○注因誠身說有大至誠○正義曰以前經云欲事親事君先須修身有大至誠故此說有大至誠大至至誠則經云誠者天之道也聖人是矣

博學之審問之慎思之明辨之篤行之有弗學學之弗能弗措也有弗問問之弗知弗措也有弗思思之弗得弗措也有弗辨辨之弗明弗措也有弗行行之弗篤弗措也人一能之己百之人十能之己千之果能此道矣雖愚必明雖柔

必強此勸人學誠其身也果猶決也○措七路反下及注皆同置也強其良反〔疏〕博學至必強○正義曰此一經申明上經誠之者擇善而固執之事○有弗學學之弗能弗措也者謂身有事不能常學習當須勤力學之措置也言學不至於能不措置休廢必待能之乃已也以下諸事皆然此一句覆上博學之也○有弗問問之弗知弗措也覆上審問之也有弗思思之弗得弗措也覆上愼思之矣有弗辨辨之弗明弗措也覆上明辨之也有弗行行之弗篤弗措也覆上篤行之也○人一能之已百之人十能之已千之謂他人性識聰敏一學則能知之已當百倍用功而學使能知之言已加心精勤之多恒百倍於他人也○果能此道矣雖愚必明雖柔必強果謂果決也若決能爲此百倍用功之道識慮雖復愚弱而必至明強此勸人學誠其身也

自誠明謂之性自明誠謂之教誠則明矣明則誠矣自由也由至誠而有明德是聖人之性者也由明德而有至誠是賢人學以知之也〔疏〕自誠明至誠矣○正義曰此一經顯天性至誠或學而能兩者雖異功用則相通○自誠明謂之性者此說天性自誠者自由也言由天性至誠而身

有明德此乃自然天性如此故謂之性自明誠謂之教者此說學而至誠由身聰明勉力學習而致至誠非由天性教習使然故云謂之教然則自誠明謂之性聖人之德也自明誠謂之教賢人之德也○誠則明矣者言聖人天性至誠則能有明德由至誠而致明也○明則誠矣者謂賢人由身聰明習學乃致至誠故云明則誠矣是誠則能明明則能誠優劣雖異二者皆通有至誠也

唯天下至誠爲能盡其性能盡其性則能盡人之性能盡人之性則能盡物之性能盡物之性則可以贊天地之化育可以贊天地之化育則可以與天地參矣盡性者謂順理之使不失其所也贊助也育生也助天地之化生謂聖人受命在王位致大平○大音泰

【疏】唯天至參矣○正義曰此明天性至誠聖人之道也唯天下至誠者謂一天下之內至極誠信爲聖人也○爲能盡其性者以其至極誠信與天地合故能盡其性既盡其性則能盡其人與萬物之性是以下云能盡人之性既能盡人性則能盡萬物之性故能贊助天

地之化育功與天地相參上云誠者天之道此兼云地者上說至誠之理由神妙而來故特云天之道此據化育生物故幷云地也

其次致曲曲能有誠誠則形形則著著則明明則動動則變變則化唯天下至誠爲能化

其次謂自明誠者也致至也曲猶小小之事也不能盡性而有至誠於有義焉而已形謂人見其功也盡性之誠人不能見也著形之大者也明著之顯者也動動人心也變改惡爲善也變之久則化而性善也

【疏】其次至能化○正義曰此一經明賢人習學而致至誠故云其次致曲曲謂細小之事言其賢人致行細小之事不能盡性於細小之事能有至誠也○誠則形形則著者謂不能自然至誠由學而來故誠則人見其功是誠則形也初有小形後乃大而明著故云形則著也若天性至誠之人不能見則不形不著也○著則明明則動者由著故顯明由明能感動於衆○動則變變則化者既感動人心漸變惡爲善變而既久遂至於化言惡人全化爲善人無復爲惡也○唯天下至誠爲能化言唯天下學致至誠之人爲能化惡爲善改移舊俗不如前經天生至誠能盡其次性與天地參矣○注其次至善也

○正義曰以前經云自明誠謂之教是由明而致誠是賢人次於聖人故云其次謂自明誠也云不能盡性而有至誠於有義焉而已者言此次誠不能如至誠盡物之性但能有至誠於細小物焉而已云形謂人見其功也者由次誠彰露人皆見其功也云盡性之誠人不能見也者言天性至誠神妙無體人不見也云著形之大者也解經形則著初有微形後則大而形著云變之久則化而性善也者解經變則化初漸謂之變變時新舊兩體俱有變盡舊體而有新體謂之爲化如月令鳩化爲鷹是爲鷹之時非復鳩也猶如善人無復有惡也

至誠之道可以前知國家將興必有禎祥國家將亡必有妖孽見乎蓍龜動乎四體禍福將至善必先知之不善必先知之故至誠如神可以前知者言天不欺至誠者也前亦先

○知禎祥妖孽蓍龜之占雖其時有小人愚主皆爲至誠能知者出也四體謂龜之四足春占後左夏占前左秋占前右冬占後右○禎音貞妖於驕反左傳云地反物爲妖說文作祅云衣服歌謡草木之怪謂之祅孽魚列反說文作蠥云禽獸

蟲蝗之怪謂之蠥一本乎作於著音尸爲于僞反〈疏〉至誠至如神○正義曰至誠之道可以前知者此由身有至誠可以豫知前事此至誠之內是天生至誠亦通學而至誠故前經云自明誠謂之教是賢人至誠同聖人也言聖人賢人俱有至誠之行天所不欺可知前事國家將興必有禎祥者禎祥吉之萌兆祥善也言國家之將興必先有嘉慶善祥也文說禎祥者言人有至誠天地不能隱如文王有至誠招赤雀之瑞也國本有今異曰禎本無今有曰祥何爲本有今異者何胤云國本有雀今有赤雀來是禎也國本無鳳今有鳳來是祥也尚書祥桑穀共生于朝是惡此經云善何得入國者以吉凶先見者皆曰祥別無義也國家將亡必有妖孽者妖孽謂凶惡之萌兆也妖猶傷也傷甚曰孽謂惡物來爲妖傷之徵若魯國鸜鵒來巢以爲國之傷徵案左傳云地反物爲妖說文云衣服歌謡草木之怪爲妖禽獸蟲蝗之怪爲孽○見乎蓍龜動乎四體者所以先知禎祥妖孽見乎蓍龜卦兆發動於龜之四體也○福福將至者○禍謂妖孽福謂禎祥萌兆豫來是禍福將至○善必先知之者善謂福也○不善必先知之者不善謂禍也○故至誠如神者言至誠之道豫知前事如神之微妙故云至誠如神也注云雖其時有小人愚主皆爲至誠能知者出也○正義曰鄭以聖人君子將

興之時或聖人有至誠或賢人有至誠則國之將興禎祥可
知而小人愚主之世無至誠又時無賢人亦無至誠所以得
知國家之將亡而有妖孼者雖小人愚主由至誠之人生在
亂世猶有至誠之使此妖孼爲有至誠能知者出也案周語
云幽王二年三川皆震伯陽父曰周將亡矣昔伊洛竭而夏
亡河竭而商亡時三川皆震爲周之惡瑞是伯陽父有至誠能
知周亡也又周惠王十五年有神降于莘莘虢國地名周惠
王問內史過史過對曰夏之興也祝融降于崇山其亡也回
祿信于聆隧商之興也檮杌次於丕山其亡也夷羊在牧周
之興也鸑鷟鳴於岐山其衰也杜伯射宣王於鎬今虢多涼
德虢必亡也又內史過有至誠之德神爲之出是愚主之世
以妖孼爲至誠能知者出也○誠者自成也而道自道也者
言人能有至誠之德則自成就其身故云誠者自成也若人
有道藝則能自道達於已故云而道自道也○誠者物之終
始不誠無物者言人有至誠則能與萬物爲終始若無至誠
則不能成其物若大人無至誠則不能生萬物若小人無至
誠則不能成其物物猶事
也小人無誠則不能成事
誠者自成也而道自道
也
言人能至誠所以自成也有道藝所
以自道達○自道音導注自道同
誠者物之終

始不誠無物物萬物也亦事也大人無誠萬物不生小人無誠則事不成是故君子誠之爲貴言貴至誠誠者非自成已而已也所以成物也成已仁也成物知也性之德也合外内之道也以至誠成已則仁道立以至誠成物則知彌博此五性之所以爲德也外内所須而合也外内猶上下○知音智注同故時措之宜也時措言得其時而用也故至誠無息不息則久久則徵徵則悠遠悠遠則博厚博厚則高明徵猶效驗也此言至誠之德既著於四方其高厚日以廣大也徵或爲徵博厚所以載物也高明所以覆物也悠久所以成物也博厚配地高明配天悠久無疆後言悠久者言至誠之德既至博厚高明配乎天地又欲其長久行之○疆居良反如此者不見

而章不動而變無爲而成天地之道可壹言而盡也言其德化與天地相似可一言而盡要在至誠其爲物不貳則其生物不測言至誠無貳乃能生萬物多無數也。不貳本亦作貮音二天地之道博也厚也高也明也悠也久也此言其著見成功也

【疏】誠者至久也。此經明已有至誠能成就物也誠者非自成已而已也所以成物也者言人有至誠非但自成就已身而已又能成就外物。成已仁也成物知也者若能成就已身則仁道與立故云成已仁也若能成就外物則知力廣遠故云成物知也。性之德也者言誠者是人五性之德則仁義禮知信皆猶至誠而爲德故云性之德也。合外內之道也者言至誠之行合於外內之道無問外內皆須至誠於人事言之有外有內於萬物言之外內猶上下上謂天下謂地。天體高明故爲外地體博厚閉藏故爲內也是至誠合天地之道也。故時措之宜也措猶用也言至誠者成萬物之性合天地之道故得時而用之則無往而不宜故注云時措言得其時而用也。故至誠無息。言至誠之德所用皆宜無

有止息故能久遠博厚高明以配天地也○不息則久者以其不息故能長久也○久則徵徵驗也以其久行故有徵驗其徵則悠遠者悠長也若事有徵驗則可行長遠也○悠遠則博厚以其德既長遠無所不周故博厚也養物博厚則功業顯著故博厚則高明也○博厚所以載物也以其德博厚所以負載於物○高明所以覆物也以其功業高明所以覆蓋於萬物也○悠久所以成物也以行之長久能成就於物此謂至誠之德也○博厚配地○言聖人之德博厚配偶於地與地同功能載物也○高明配天言聖人功業高明配偶於天與天同功能覆物也○悠久無疆疆窮也言聖人之德既能覆載又能長久行之所以無窮悠久則上經悠遠悠久在博厚高明之上此經悠久在博厚高明之下者上經欲明積漸先悠久後能博厚高明此經既能博厚高明又須行之悠久故反覆言之○如此者不見而章不動而變無爲而成者言聖人之德如此博厚高明悠久不見所爲而功業章顯不見動作而萬物改變無所施爲而道德成就○天地之道可壹言而盡也者言聖人之德能同於天地之道欲尋求所由可一句之言而能盡其事理正由於至誠是壹言而盡也○其爲物不貳則其生物不測者○言聖人行至誠接待於物不有差貳以此之故能生殖衆物不可測量故鄭云言多無

數也今夫天斯昭昭之多及其無窮也日月星辰繫焉萬物覆焉今夫地一撮土之多及其廣厚載華嶽而不重振河海而不洩萬物載焉今夫山一卷石之多及其廣大草木生之禽獸居之寶藏興焉今夫水一勺之多及其不測黿鼉鮫龍魚鼈生焉貨財殖焉此言天之高明本生昭昭地之博厚本由撮土山之廣大本起卷石水之不測本從一勺皆合少成多自小致大爲至誠者以如此乎昭昭猶耿耿小明也振猶收也卷猶區也○夫音扶下同昭章遙反注同本亦作炤同撮七活反華嶽戶化戶瓜二反本亦作山嶽洩息列反卷李音權又羌權反范羌阮反注同藏才浪反勺徐市若反黿音元鼉徒河反一音直丹反鮫音交本又作蛟鼈必列反耿公迥反又公頂頂反舊音孔頂反區羌俱反詩曰惟天之命於穆不

已蓋曰天之所以爲天也於乎不顯文王之德之純蓋曰文王之所以爲文也純亦不已

天所以爲天文王所以爲文皆由行之無已爲之不止如天地山川之云也易曰君子以順德積小以成高大是與○於穆上音烏下於乎亦同乎呼奴反愼如字一本又作順與音餘【疏】今夫至不已○正義曰此一節明至誠不已則能從微至著從小至大○今夫天斯昭昭之多者斯此也昭昭狹小之貌言天初時唯有此昭昭之多小貌爾故云昭昭之多○今夫地一撮土之多言土之初時唯一撮土之多言多少唯一撮土○振河海而不泄者振收也言地之廣大載五嶽而不重振收河海而不漏泄○今夫山一卷石之多言山之初時唯一卷石之多多少唯一卷石耳故鄭注云卷猶區也今夫水一勺之多言水初時多少唯一勺耳此以下皆言爲之不已從小至大然天之與地造化之初清濁二氣爲天地分而成二體元初作盤薄穹隆非是以小至大今云昭昭與撮土卷石與勺水者何但山或壘石爲高水或衆流而成大是從微至著因說聖人至誠之功亦是從小至大以今天地體大假言由小而來以譬至誠非實論也○詩曰惟天

之命於穆不已○此一經以上文至誠不已已能從小至大故此經引詩明不已之事所引詩者周頌維天之命文也詩稱維天之命謂四時運行所爲教命穆美也於穆不已者美之不休已也此詩之本文也○蓋曰天之所以爲天也此是孔子之言記者載之此詩所論蓋說天之所以爲天在乎不已○於乎不顯文王之德之純此亦周頌文王之詩純謂不已顯謂光明詩人歎之云於乎不光明乎言光明矣文王之德之純謂不已也言文王德教不有休已與天同功○蓋曰文王之所以爲文也此亦孔子之言解詩之文也○純亦不已者言文王之德之純亦如天之不休已故云純亦不已○注易曰君子愼德積小以高大○正義曰此易升卦之象辭案升卦巽下坤上木生於地中升進之義故爲升也○大

哉聖人之道洋洋乎發育萬物峻極于天育生也峻高大也○洋音羊峻思潤反**優優大哉禮儀三百威儀三千待其人然後行故曰苟不至德至道不凝焉**言爲政在人政由禮也凝猶成也○優於求反倡優也凝本又作疑魚澄反【疏】大哉至凝焉○正義曰此一節明聖

人之道高大苟非至德其道不成洋洋謂道德充滿之貌天下洋洋。育生也峻高也言聖人之道高大與山相似上極于天○優優大哉優優寛裕之貌聖人優優然寛裕其道禮儀三百周禮有三百六十官言三百者舉其成數耳○威儀三千者即儀禮行事之威儀儀禮雖十七篇其中事有三千○待其人然後行者言三百三千之禮必待賢人然後施行其事○故曰苟不至德至道不凝焉凝成也古語先有其文今夫子既言三百三千待其賢人始行故引古語證之苟誠也不非也苟誠非至德之人則聖人至極之道不可成也俗本不作非也○**故君子尊德性而道問學致廣大而盡精微極高明而道中庸温故而知新敦厚以崇禮**德性謂性至誠者道猶由也問學學誠者也廣大猶博厚也温讀如燖温之温謂故學之孰矣後時習之謂之温○燖音尋○

【疏】故君至崇禮○正義曰此一經明君子欲行聖人之道當須勤學前經明聖人性之至誠此經明賢人學而至誠也○君子尊德性者謂君子賢人尊敬此聖人道德之性自然至誠也○而道問學者言賢人行道由於問學謂勤學乃致至誠也○致廣大而盡精微者

廣大謂地也言賢人由學能致廣大如地之生養之德也而盡精微謂致其生養之德既能致於廣大盡育物之精微言無微不盡也○極高明而道中庸者高明謂天也言賢人由學極盡天之高明之德道通也又能通達於中庸之理也○温故而知新者○言賢人由學既能温尋故事又能知新事也○敦厚以崇禮者言以敦厚重行於學故以尊崇三百三千之禮也○注温讀如燖温之温○正義曰案左傳哀十二年公會吳于橐皋大宰嚭請尋盟子貢對曰盟若可尋也亦可寒也賈逵注云尋温也又有司徹云乃爇尸俎是燖爲温也云謂故學之孰矣後時習之謂之温者謂賢人舊學已精熟在後更習之猶若温尋故食也

是故居上不驕爲下不倍國有道其言足以興國無道其默足以容興謂起在位也○驕本亦作喬音嬌倍音佩默亡北反詩曰既明且哲以保其身其此之謂與保安也○哲涉列反徐本作知音智與音餘

〔疏〕是故至謂與○正義曰此一節明賢人學至誠之道中庸之行若國有道之時盡竭知謀其言足以興成其國興謂發謀出慮○國無道其默足以容若無道之時

則韜光潛默足以自容其身免於禍害○詩云既明且哲以保其身此大雅烝民之篇美宣王之詩言宣王任用仲山甫能顯明其事任且又哲知保安全其已身言中庸之人亦能如此故云其此之謂與

子曰愚而好自用賤而好自專生乎今之世反古之道如此者烖及其身者也反古之道謂曉一孔之人不知今王之新政可從○好呼報反下同烖音災

非天子不議禮不制度不考文此天下所共行天子乃能一之也禮謂人所服行也度國家宮室及車輿也文書名也

今天下車同軌書同文行同倫今孔子謂其時○行下孟反

雖有其位苟無其德不敢作禮樂焉雖有其德苟無其位亦不敢作禮樂焉言作禮樂者必聖人在天子之位

疏 子曰至樂焉○正義曰上經論賢人學至誠商量國之有道無道能或語或默以保其身若不能中庸者皆不能量事制宜必及禍患又因明己以此之故不

敢專輒制作禮樂也○生乎今之世反古之道如此者烖及其身者也此謂尋常之人不知大道若賢人君子雖生今時能持古法故儒行云今人與居古人與稽是也俗本反下有行字又無如此者三字非也○非天子不議禮者此論禮由天子所行既非天子不得論議禮之是非○不制度謂不敢制造法度及國家宮室大小高下及車輿也○不考文亦不得考成文章書籍之名也○今天下車同軌者今謂孔子時車同軌覆上不制度書同文覆上不考文行同倫倫道也言人所行之行皆同道理覆上不議禮當孔子時禮壞樂崩家殊國異而云此者欲明已雖有德身無其位不敢造作禮樂故極行而虛已先說以自謙也○注反古之道謂曉一孔之人○正義曰孔謂孔穴孔穴所出事有多塗今唯曉知一孔之人不知餘孔通達唯守此一處故云曉一孔之人

子曰吾說夏禮杞不足徵也吾學殷禮有宋存焉吾學周禮今用之吾從周徵猶明也吾能說夏禮顧杞之君不足與明之也吾從周行今之道○杞音起王天下有三重焉其寡過矣乎三重三王之禮○上王于況反又如字上焉

者雖善無徵無徵不信不信民弗從下焉者雖善不尊不尊不信不信民弗從上謂君也君雖善善無明徵則其善不信也下謂臣也臣雖善善而不尊君則其善亦不信也徵或爲證故君子之道本諸身徵諸庶民考諸三王而不繆建諸天地而不悖質諸鬼神而無疑百世以俟聖人而不惑質諸鬼神而無疑知天也百世以俟聖人而不惑知人也知天知人謂知其道也鬼神從天地者也易曰故知鬼神之情狀與天地相似聖人則之百世同道徵或爲證○繆音謬悖布內反後同是故君子動而世爲天下道行而世爲天下法言而世爲天下則遠之則有望近之則不厭用其法度想思若其將來也○遠如字又于萬

反近如字又附近之近厭於豔反後皆同詩曰在彼無惡在此無射庶幾夙夜以永終譽君子未有不如此而蚤有譽於天下者也射厭也永長也。射音亦注同蚤音早〔疏〕子曰至者也。正義曰以上文孔子身無其位不敢制作二代之禮夏殷不足可從所以獨從周禮之意因明君子行道須本於身達諸天地質諸鬼神使動則爲天下之道行則爲後世之法故能早有名譽於天下蓋孔子微自明已之意。子曰吾說夏禮杞不足徵也徵成也明也孔子言我欲明說夏代之禮須行夏禮之國贊而成之杞雖行夏禮其君暗弱不足贊而成之。吾學殷禮有宋存焉者宋行殷禮故云有宋存焉但宋君暗弱欲其贊明殷禮亦不足可成故論語云宋不足徵也此云杞不足徵即宋亦不足徵此云有宋存焉則杞亦存焉互文見義。吾學周禮今用之吾從周者既杞宋二國不足明已當不復行前代之禮故云吾從周案趙商問孔子稱吾學周禮今用之吾從周檀弓云今丘也殷人也兩楹奠殯哭師之處皆所法於殷禮未必由周而云吾從周者何也鄭荅曰今用之者魯與諸侯皆用周之禮法非專自施於已在宋冠章甫

之冠在曾衣逢掖之衣何必純用之吾從周者言周禮法最
備其爲般周事豈一也如鄭此言諸侯禮法則從周身之所
行雜用殷禮也○王天下有三重焉其寡過矣乎○言爲君
王有天下者有三種之重焉謂夏殷周三王之禮其事尊重
若能行之寡少於過矣○上焉者雖善無徵無徵不信不信
民弗從○上謂君也言爲君雖有善行無分明徵驗則不信
著於下既不信著則民不從下焉者雖善不尊。不信不信民
弗從下謂臣也言臣所行之事雖有善行而不尊不尊敬於君則
善不信著於下既不信著則民不從故下云徵諸庶民謂行
善須有徵驗於庶民也皇氏云無徵謂無符應之徵其義非
也○故君子之道者○言君臣爲善須有徵驗民乃順從故
明之也○本諸身者言君子行道先從身起是本諸身也○
徵諸庶民者徵驗也諸於也謂立身行善使有徵驗於庶民
若晉文公出定襄王示民尊上也伐原示民以信之類也○
考諸三王而不繆者繆亂也謂已所行之事考校與三王合
同不有錯繆也○建諸天地而不悖者悖逆也言已所行之道
建達於天地而不有悖逆謂與天地合也○質諸鬼神而無
疑知天也者○質正也謂已所行之行正諸鬼神不有疑惑
是識知天道也此鬼神是陰陽七八九六之鬼神生成萬物
者此是天地所爲既能質正陰陽不有疑惑是識知天道也

○百世以俟聖人而不惑知人也者以聖人身有聖人之德垂法於後雖在後百世亦堪俟待後世世之聖人其道不異故云知人也○注知天至同道○正義曰以經云知天知人故鄭引經總結之云知其道者以天地陰陽生成萬物今能正諸陰陽鬼神而不有疑惑是知天道也以聖人之道雖相去百世其歸一揆今能百世以待聖人而不有疑惑是知聖人之道也云鬼神從天地者也解所以質諸鬼神之德知天道之意引易曰故知鬼神之情狀與天地相似者證鬼神從天地之意案易繫辭云精氣爲物游魂爲變鄭云木火之神生物金水之鬼成物以七八之神生物九六之鬼成物是鬼神以生成爲功天地亦以生成爲務是鬼神之狀與天地相似云聖人則之百世同道○解經知人之道以前世聖人既能垂法以俟待後世聖人是識知聖人之道百世不殊故聖人則之百世同道也○遠之則有望近之則不厭者言聖人之道爲世法則若遠離之則有企望思慕之深也若附近之則不厭倦言人愛之無巳○詩云在彼無惡在此無射庶幾夙夜以永終譽此引周頌振鷺之篇言微子來朝身有美德在彼宋國之内民無惡之在此來朝人無厭倦故庶幾夙夜以長永終竟美善聲譽言君子之德亦能如此故引詩以結成之○君子未有不如此而蚤有譽於天下者也言欲蚤有名

譽會須如此未嘗有不行如此而蚤得有聲譽者也仲尼祖述堯舜憲章文武上律天時下襲水土此以春秋之義說孔子之德孔子曰吾志在春秋行在孝經二經固足以明之孔子所述堯舜之道而制春秋而斷以文王武王之法度春秋傳曰君子曷爲爲春秋撥亂世反諸正莫近諸春秋其諸君子樂道堯舜之道與末不亦樂乎堯舜之知君子也又曰是子也繼文王之體守文王之法度文王之法無求而求故譏之也又曰王者孰謂謂文王也此孔子兼包堯舜文武之盛德而著之春秋以俟後聖者也律述也述天時謂編年四時具也襲因也因水土謂記諸夏之事山川之異○行下孟反斷丁亂反曷爲于僞反以如字撥生末反近附近之近又如字與音餘編必緜反又甫連反辟如天地之無不持載無不覆幬辟如四時之錯行如日月之代明萬物並育而不相害道並行而不相悖小德川流大德敦化此天地之所以爲大也聖人制作其德

配天地如此唯五始可以當焉幬亦覆也小德川流浸潤萌芽喻諸侯也大德敦化厚生萬物喻天子也幬或作燾○辟音譬下同幬徒報反錯七各反當丁浪反又下郎反浸子鴆反燾徒報反唯天下至聖爲能聰明睿知足以有臨也寬裕溫柔足以有容也發強剛毅足以有執也齊莊中正足以有敬也文理密察足以有別也言德不如此不可以君天下也蓋傷孔子有其德而無其命○叡音銳知音智下聖知同齊側皆反別彼列反溥博淵泉而時出之言其臨下普徧思慮深重非得其時不出政教○溥音普徧音遍思息嗣反又如字溥博如天淵泉如淵見而民莫不敬言而民莫不信行而民莫不說是以聲名洋溢乎中國施及蠻貊舟車所至人力所通天之所覆地之所

載日月所照霜露所隊凡有血氣者莫不尊親故曰配天如天取其運照不已也如淵取其清深不測也尊尊親而親之○見賢遍反說音悅施以豉反貉本又作貊武伯反說文云北方人也隊直類反唯天下至誠爲能經綸天下之大經立天下之大本知天地之化育至誠性至誠謂孔子也大經謂六藝而指春秋也大本孝經也○論本又作綸同音倫夫焉有所倚肫肫其仁淵淵其淵浩浩其天安有所倚言無所偏倚也。故人人自以被德尤厚似偏頗者肫肫讀如誨爾忳忳之忳忳懇誠貌也肫肫或爲純純○焉於虔反倚依綺於寄二反注同肫依注音之淳反浩胡老反被皮義反頗破河反懇苦很反純音淳又之淳反苟不固聰明聖知達天德者其孰能知之言唯聖人乃能知聖人也春秋傳曰末不亦樂乎堯舜之知君子明凡人不知詩曰衣錦尚絅惡其文之著也故君子之道闇然而日章小人之道的然而日亡言君子深遠難知小人淺近易知人所以不知孔子以其深遠禪爲絅錦衣之美而君子以絅表之爲其文章露見似小人也○絅本又作潁詩作褧同口迥反徐口定反一音口穎反惡烏路反著張慮反闇於感反又如字日而一反下同的丁歷反易以豉反下易舉同禪爲音冊爲其于僞反見賢遍反君子之道淡而不厭簡而文溫而理知遠之近知風之自知微之顯可與入德矣淡其味似薄也簡而文溫而理猶簡而辨直而溫也自謂所從來也三知者皆言其睹末察本探端知緒也入德入聖人之德○淡徒暫反又大敢反下注同厭於豔反睹音覩探音貪詩云潛雖伏矣亦孔之昭故君子內省不疚無惡於志孔甚也昭明也言聖人雖隱居其德亦甚明矣疚病也君子自省身無愆病雖不遇世亦無損害於己志○昭本又作炤同之召反又章遥反疚九又反遯大囷反本又作遁字亦同愆起虔反君

子。所不可及者其唯人之所不見乎詩云相在爾室尚不愧于屋漏言君子雖隱居不失其君子之容德也相視也室西北隅謂之屋漏視女在室獨居者猶不愧于屋漏屋漏非有人也況有人乎。相息亮反注同愧本又作媿同九位反女音汝。故君子不動而敬不言而信詩曰奏假無言時靡有爭假大也此頌也言奏大樂於宗廟之中人皆肅敬金聲玉色無有言者以時太平和合無所爭也。奏如字詩作鬷子公反假古雅反爭爭鬬之爭注同太平音泰是故君子不賞而民勸不怒而民威於鈇鉞詩曰不顯惟德百辟其刑之不顯言顯也辟君也此頌也言不顯乎文王之德百君盡刑之。諸侯法之也。鈇方于反又音斧鉞音越辟音璧注同是故君子篤恭而天下平詩曰予懷明德不大聲以色予我也懷歸也言我歸有明德者以其不大聲為嚴厲之

色以威我也

疏仲尼至以色。正義曰此一節明子思申明夫子之德與天地相似堪以配天地而育萬物傷有聖德無其位也今各隨文解之。仲尼祖述堯舜者祖始也言仲尼祖述始行堯舜之道也。憲章文武者。憲法也章明也言夫子法明文武之德。上律天時者律述也言夫子上則述行天時以與言陰陽時候也。下襲水土者襲因也下則因襲諸侯之事水土所在此言子思贊揚聖祖之德以仲尼修春秋而有此等之事也。注吾志至之異。正義曰吾志在春秋行在孝經者孝經緯文言褒貶諸侯善惡志在於春秋人倫尊卑之行在於孝經孝經云二經固足以明之者此是鄭語言春秋孝經足以顯明先祖述憲章之事云孔子祖述堯舜之道而制春秋者則下文所引公羊傳云君子樂道堯舜之道與是也云斷以文王武王之法度者則下文引公羊云王者孰謂謂文王是也云春秋傳曰至堯舜之知君子也哀十四年公羊傳文引之者證祖述堯舜之事君子曷爲爲春秋曷何也君子謂孔子傳曰孔子何爲作春秋云撥亂世反諸正莫近諸春秋者此傳之文荅孔子爲春秋之意何休云撥猶治也言欲治於亂世使反歸正道莫近莫過也言餘書莫過於春秋言治亂世者春秋最近之也云其諸君子樂道堯舜之道與者上道論道下道謂道德與語辭言君

子孔子也言孔子樂欲論道堯舜之道與也云末不亦樂乎
堯舜之知君子也者末謂終末謂孔子末聖漢之初豈不亦
愛樂堯舜之知君子也案何休云得麟之後天下血書魯端
門曰趨作法孔聖沒周姬亡彗東出秦政起胡破術書記散
孔不絕子夏明日往視之血書飛爲赤鳥化爲白書漢當秦
大亂之後故作撥亂之法是其事也云又曰是子也繼文王
之體守文王之法度文王之法無求而求故譏之也者此文
九年公羊傳文八年天王崩謂周襄王也九年春毛伯來求
金傳云是子繼文王之體守文王之法度文王之法無求而
求故譏之是子謂嗣位之王在喪未合稱王故稱是子嗣位
之王守文王之法度文王之法度無所求也謂三分有二以
服事殷謂在喪之內無合求金之法度今遣毛伯來求金是
無求而求也故書以譏之彼傳云是子俗本云子是者誤也
云又曰王者孰謂謂文王也此隱元年公羊傳文案傳云元
年春王正月王者孰謂謂文王也武王道同譽文王可知也
云著之春秋以俟後聖者也哀十四年公羊傳云制春秋之
義以俟後聖何休云待聖漢之王以爲法也云述天時謂編
年四時具也案合成圖云皇帝立五始制以天道元命包云
諸侯不上奉王之正則不得即位正不由王出不得爲正王
不承於天以制號令則無法天不得正其元則不能成其化

也。五始者元年一也春二也王三也正月四也公即位五
也此春秋元年即當堯典欽若昊天也春秋四時即當堯典
日中星鳥日永星火宵中星虛日短星昴之類是也春秋獲
麟則當益稷百獸率舞鳳凰來儀是也此皆祖述堯舜之事
言春秋四時皆具桓四年及七年不書秋七月冬十月成十
年不書冬十月桓十七年直云五月不云夏昭十年直云十
二月不云冬如此不具者賈服之義若登臺而不視朔則書
時不書月若視朔而不登臺則書月不書時若雖無事視朔
登臺則空書時月若杜元凱之意凡時月不具者皆史闕文
其公羊穀梁之義各爲曲說今畧而不取也云襲因也因水
土謂記諸夏之事山川之異者諸夏之事謂諸侯征伐會盟
所在之地山川之異若僖十四年沙鹿崩成五年梁山崩之
屬是也。譬如至大也。此明孔子之德與天地日月相似
與天子諸侯德化無異。小德川流大德敦化者言孔子所
作春秋若以諸侯小德言之如川水之流浸潤萌芽若以天
子大德言之則仁愛敦厚化生萬物也。此天地之所以爲
大也言夫子之德此並天地所以爲大不可測也。唯天至
别也。此又申明夫子之德聰明寬裕足以容養天下傷其
有聖德而無位也。寬裕温柔足以有容也。言夫子寬弘
性善温克和柔足以包容也。發強剛毅足以有執也發起

也執猶斷也言孔子發起志意堅强剛毅足以斷決事物也○溥博至配天○此節更申明夫子蘊蓄聖德俟時而出日月所照之處無不尊仰○溥博淵泉者溥謂無不周徧博謂所及廣遠以其浸潤之澤如似淵泉溥大也既思慮深重非得其時不出政教必以俟時而出○溥博如天者言似天無不覆幬○淵泉如淵者言潤澤深厚如川水之流○夫焉有所倚至浩浩其天以前經贊明夫子之德此又云夫子無所偏倚而仁德自然盛大也倚謂偏有所倚近言夫子之德普被於人何有獨倚近於一人言不特有偏頗也○肫肫其仁肫肫懇誠之貌仁謂施惠仁厚言又能肫肫然懇誠行此仁厚爾○淵淵其淵淵淵水深之貌也言夫子之德淵淵然若水之深也○浩浩其天言夫子之德浩浩盛大其若如天也○注肫肫讀如誨爾忳忳之忳○正義曰此大雅抑之篇刺厲王之詩言詩人誨爾厲王忳忳然懇誠不已厲王聽我藐藐然而不入也苟不固聰明聖知達天德者其孰能知之者上經論夫子之德大如天此經論唯至聖乃知夫子之德苟誠也固堅固也言帝誠不堅固聰明睿聖通知曉達天德者其誰能識知夫子之德故注引公羊傳云堯舜之知君子者言有堯舜之德乃知夫子明凡人不知也○詩曰衣錦尚褧惡其文之著也以前經論夫子之德難知故此經因明君子小人

隱顯不同之事此詩衛風碩人之篇美莊姜之詩言莊姜初嫁在塗衣著錦衣爲其文之大著尚著禪絅加於錦衣之上絅禪也以單縠爲衣尚以覆錦衣也案詩本文云衣錦褧衣此云尚絅者斷截詩文也又俗本云衣錦褧裳又與定本不同者記人欲明君子謙退惡其文之彰著故引詩以結之。故君子之道闇然而日章者章明也言君子以其道德深遠謙退初視未見故曰闇然其後明著故曰日章明也。小人之道的然而日亡者若小人好自矜大故初視時的然以其才藝淺近後無所取故曰日益亡。君子至德矣。此一經明君子之道察微知著故能入德。淡而不厭者言不媚悅於人初似淡薄久而愈敬無惡可厭也。簡而文者性無嗜慾故簡靜才藝明辨故有文也。溫而理氣性和潤故溫也正直不違故修理也。之遠之近。言欲知遠處必先之適於近乃後及遠知風之自自謂所從來處言見目前之風則知之適所從來處故鄭注云睹末察本遠是近之末風是所原空缺五字從來之末也知微之顯此初時所微之事久乃適於顯明微是初端顯是縱緒故鄭注云探端知緒。可與入德矣。言君子或探末以知本或睹本而知末察微知著終始皆知故可以入聖人之德矣。詩曰潛雖伏矣亦孔之昭此明君子其身雖隱其德昭著所引者小雅正月之篇刺幽王之詩詩之本文以幽王無道喻賢人君子雖隱其身德亦甚明著不能免禍害猶如魚伏於水亦甚著見被人採捕記者斷章取義言賢人君子身雖藏隱猶如魚伏於水其道德亦甚彰矣。故君子內省不疚無惡於志者疚病也言君子雖不遇世內自省身不有愆病則亦不損害於已志言守志彌堅固也。注孔甚也。正義曰爾雅釋言文。君子至屋漏其唯人之所不見乎。詩云相在爾室尚不愧于屋漏此大雅抑之篇刺厲王之詩詩人意稱王朝小人不敬鬼神瞻視女在廟堂之中猶尚不愧畏於屋漏之神記者引之斷章取義言君子之人在室之中屋漏雖無人之處不敢爲非猶愧懼于屋漏之神況有人之處君子愧懼可知也言君子雖獨居常能恭敬。

○此明君子之閒居獨處不敢爲非故云君子所不可及者其唯人之所不見乎。

注言君至人乎。正義曰言君子雖隱居不失其君子之容德也者隱居謂在室獨居猶不愧畏無人之處又常能恭敬是不失其君子之容德也云西北隅謂之屋漏者爾雅釋宮文以戶明漏照其處故稱屋漏屋漏非有人者言人之所居多近於戶屋漏深邃之處非人所居故云無有人也云況有人乎者言無人之處尚不愧之況有人之處不愧之可知也言君子無問有人無人恒能畏懼也。故君子不動而敬不言而信者以君子敬懼如是故不動而民敬之不言而民信之。詩曰奏假無言時靡有爭此商頌烈祖之篇美成湯之詩詩本文云鬷假無言此云奏假者與詩反異也假大也言祭成湯之時奏此大樂於宗廟之中人皆肅敬無有諠譁之言所以然者時既太平無有爭訟之事故無言也引證君子不言而民信。注假大也。正義曰爾雅釋詁文。詩曰不顯惟德百辟其刑之。此周頌烈文之篇美文王之德不顯乎文王之德言其顯矣以道德顯著故天下百辟諸侯皆刑法之引之者證君子之德猶若文王其德顯明在外明明衆人皆刑法之。注辟君也。正義曰爾雅釋詁文。詩云予懷明德不大聲以色。此大雅皇矣之篇美文王之詩予我也懷歸也言天謂文王曰我歸就爾之明德所以歸之者以文王不大作音聲以爲嚴厲之色故歸之記者引之證君子亦不作大音聲以爲嚴厲之色與文王同也

子曰聲色之於以化民末也詩曰德輶如毛輶輕也言化民常以德德之易舉而用其輕如毛耳。末下葛反輶音酉一音由注同易以豉反毛猶有倫上天之載無聲無臭至矣倫猶比也載讀曰栽謂生物也言毛雖輕尚有所比有所比則有重上天之造生萬物人無聞其聲音亦

無知其臭氣者化民之德清明如神淵淵浩浩然後善。載依注讀曰栽音災生也詩音再比必覆反下同或音毗志反又必利反皆非也重直勇反又直容反

【疏】子曰至至矣。正義曰此一節是夫子之言子思既說君子之德不大聲以色引夫子舊語聲色之事以接之言化民之法當以德為本不用聲色以化民也若用聲色化民是其末事故云化民末也。詩曰德輶如毛者此大雅烝民之篇美宣王之詩輶輕也言用德化民舉行甚易其輕如毛也。毛猶有倫倫比也既引詩文德輶如毛又言德之至極本自無體何直如毛毛雖細物猶有形體可比並故云毛猶有倫也。上天之載無聲無臭至矣載生也言天之生物無音聲無臭氣寂然無象而物自生言聖人用德化民亦無音聲亦無臭氣而人自化是聖人之德至極與天地同此二句是大雅文王之詩美文王之德不言詩云者孔子略而不言直取詩之文爾此亦斷章取義。注載讀至後善。正義曰案文以載為事此讀為栽者言其生物故讀載為栽也云毛雖輕尚有所比則有重言毛雖輕物尚有形體以他物來比有可比之形則是有重毛在虛中猶得隊下是有重也云化民之德清明如神淵淵浩浩則上文淵淵其淵浩浩其天是也

禮記注疏卷第五十三

禮記注疏卷五十三挍勘記　阮元撰盧宣旬摘錄

中庸

在下位不獲乎上節

在下至身矣惠棟挍宋本無此五字

不順乎親則不信乎朋友矣者閩監本同毛本則字脫

誠者天之道也節

誠者至者也惠棟挍宋本無此五字

若天之性有殺信者四時惠棟挍宋本作有生殺此本生字脫作有殺閩監毛本有殺作自然

大至至誠補案至字誤重

自誠明謂之性節

自誠至誠矣 惠棟挍宋本無此五字

此論學而至誠 惠棟挍宋本作論學此本論學二字闕 閩監毛本論學誤自明

教習使然故云謂之教 惠棟挍宋本作使然此本使然 二字闕閩監毛本使然誤而致

則能有明德 惠棟挍宋本作有明此本有明二字闕閩 監毛本有明誤明其

由身聰明習學 惠棟挍宋本作習此本習字闕閩監毛 本習誤勉

其次致曲節

其次至能化 惠棟挍宋本無此五字

能盡其次性 補案次字疑衍

由次誠彰露 閩監本同毛本次誤此

至誠之道可以前知節

必有妖孽閩本同石經同南宋石經同嘉靖本同衞氏集說同釋文亦作孽惠棟挍宋本孽作孼宋監本岳本同監本誤作蘖注疏放此

前亦先知補明監本作前亦先也不誤

至誠至如神惠棟挍宋本無此五字

文說禎祥者閩監本同毛本文誤又

案周語云幽王二年閩監毛本同浦鏜挍本二改三

誠者自成也節惠棟挍云誠者節宋本分誠者物之終始至誠之爲貴爲一節誠者非自成已至外内之道也爲一節故時措之宜至高明爲一節博厚至生物不測爲一節天地之道合下今夫天節爲一節

有道藝所以自道達 閩本惠棟挍宋本宋監本岳本嘉靖本同監毛本上道誤造

可壹言而盡也 惠棟挍宋本石經同南宋石經宋監本岳本同嘉靖本閩監毛本壹作一衞氏集說同石經考文提要云宋大字本宋本九經南宋巾箱本余仁仲本劉叔剛本並作壹

誠者至久也 惠棟挍宋本無此五字

則仁義禮知信 惠棟挍宋本同閩監毛本知作智

皆猶至誠而爲德 閩監毛本同浦鏜云猶當由字誤

又須行之長久 惠棟挍宋本作長衞氏集說同此本長作悠閩監毛本同

可壹言而盡也者 惠棟挍宋本壹字同閩監毛本壹作一宋本有者字此本者誤○閩監毛本同

今夫天節

一撮土之多及其廣厚惠棟挍宋本宋監本石經南宋石經岳本嘉靖本衛氏集說考文引古本足利本並同閩監毛本厚誤大

振河海而不洩各本同石經同釋文洩作泄

黿鼉鮫龍魚鼈生焉石經南宋石經岳本宋監本同閩監毛本鮫作蛟嘉靖本衛氏集說同惠棟挍宋本亦作鮫釋文出鮫龍云本又作蛟毛本鼈誤鱉

本由撮土惠棟挍宋本岳本嘉靖本衛氏集說同閩監毛本由作起

本從一勺皆合少成多自小致大惠棟挍宋本宋監本岳本嘉靖本衛氏集說同閩監毛本從誤由皆合少成多自誤言天地山川積絫志祖挍云困學紀聞合少成多出中庸注閻若璩云無此語葢未見宋本也

爲至誠者以如此乎閩監毛本同惠棟挍宋本以作亦宋監本岳本嘉靖本衛氏集說同

昭昭猶耿耿小明也振猶收也惠棟按宋本宋監本岳本嘉靖本同閩監本耿耿小明也振猶收也九字闕

惟天之命惠棟按宋本石經南宋石經宋監本岳本同嘉靖本閩監毛本惟作維衞氏集說同按詩考列之詩巽字石經考文提要云宋大字本宋本九經南宋巾箱本余仁仲本並作惟天疏並放此

天所以爲天惠棟按宋本宋監本毛本岳本嘉靖本同閩監本五字闕

如天地山川之云也惠棟按宋本宋監本毛本岳本嘉靖本衞氏集說同閩監本地山川之云也六字闕

易曰君子以順德積小以成高大閩監毛本同惠棟按宋本順作愼嘉靖本同考文云宋板無成字岳本亦無成字順字同考文引古本足利本亦作愼釋文出愼德云一本又作順孫志祖按云按易升卦巽下坤上順德坤德也作愼則於卦義不切詩應侯順德鄭箋亦引易曰君子以順德可証康成本作順矣

積小以成高大今易本無成字

今夫至不已 惠棟挍宋本無此五字

明至誠不已則能從微至著從小至大 惠棟挍宋本同閩監毛本能從微至著誤聖人至誠亦

昭昭狹小之貌 惠棟挍宋本同閩監毛本狹小之貌四字闕

故云昭昭之多○ 惠棟挍宋本同閩監毛本之多二字作三空闕

言土之初時 閩監毛本同惠棟挍宋本土作地

言多少唯一撮土 惠棟挍宋本同閩監毛本多少唯一四字闕

載五嶽而不重 惠棟挍宋本同閩監毛本作載華嶽而不重

此以下皆言爲之不已 惠棟挍宋本同閩監毛本爲之誤至誠

清濁二氣爲天地分而成二體惠棟按宋本同閩監毛本天地分而四字闕

水或衆流而成大是從微至著惠棟按宋本同閩監毛本成大是從誤聚爲深自

○注易曰君子愼德毛本同閩監本注字闕

大哉聖人之道節

育生也峻高大也毛本岳本衞氏集說宋監本惠棟按宋本嘉靖本同閩監本也峻高大也五字闕

待其人然後行石經南宋石經岳本宋監本嘉靖本衞氏集說同閩監毛本然作而石經考文提要云按禮記集說曲禮篇引呂大臨說仲尼燕居篇引方慤說此篇引楊時譚維寅晏光說俱作然後行宋大字本宋本九經南宋巾箱本余仁仲本劉叔剛本並作然後

言爲政在人政由禮也凝猶成也惠棟按宋本毛本岳本嘉靖本同閩監本言爲成也四字存餘九字並闕

此一節明聖人之道高大苟非至德其道不成惠棟按宋本同閩監本闕人之道高大苟非至德其十字誤衍十二空闕毛本人字有衍十一空闕

天下洋洋然育生也峻高也言聖人之道惠棟按宋本如此此本然字脫監毛本闕下洋洋然育生也峻高也言聖十二字此空十一闕閩本聖字有空十闕

上極于天〇優優大哉優優寬裕之貌惠棟按宋本同閩監本闕天〇優優大哉優優寬裕十字衍十一空闕毛本天字有空十闕

禮儀三百者周禮有三百六十官言三百者惠棟按宋本同閩監毛本闕三百者周禮有三百六十官十一字此本上者字脫

威儀三千者卽儀禮行事之威儀儀禮 惠棟按宋本同閩監毛本闕千
者卽儀禮行事之威儀九字衍十空闕

○待其人然後行者言三百三千之禮 惠棟按宋本同閩監毛本闕待
其人然後行者言三百十字

然後施行其事○故曰苟不至德至道不凝焉 惠棟按宋本同
閩監毛本闕事○故曰苟不至德至道十字衍十一空
闕

今夫子既言三百三千待其賢人 惠棟按宋本同閩監毛本闕夫子既言三
百三千待其賢十一字

苟誠也不非也苟誠非至德之人則聖人至極之道不
可成也俗本不作非也 惠棟按宋本同閩監毛本闕廿一字○又惠棟按宋本此下標

禮記正義卷第六十終記云凡三十七頁

故君子尊德性節　惠棟按宋本自此節起至表記子言之君子之所謂義者節止爲第六十一卷卷首題禮記正義卷第六十一

學誠者也廣大猶博厚也　毛本同岳本同嘉靖本同衞氏集說同閩監毛本也廣大猶博厚也七字闕

故君至崇禮　惠棟按宋本無此五字

此一經明君子欲行聖人之道　惠棟按宋本同閩監毛本經明君子欲行聖人之九字闕

前經明聖人性之至誠此經明賢人學而至誠也　惠棟按宋本同閩監毛本前字空闕又闕誠此經明賢人學而至誠十字

賢人尊敬此聖人道德之性自然至誠也惠棟挍宋本同閩監毛本
尊敬此聖人道德之性自十一字闕

言賢人行道由於問學謂勤學乃致至誠也惠棟挍宋本同閩監
毛本行道由於問學謂勤學乃十字闕

言無微不盡也惠棟挍宋本同閩監毛本無微二字闕

言賢人由學極盡惠棟挍宋本同閩監毛本學極二字闕

子曰吾說夏禮節

子曰至者也惠棟挍宋本無此五字

雖善不尊不信閩本明監本毛本不信上重不尊二字此本誤脫

雖有善行而不尊不尊敬於君惠棟挍宋本同閩監毛本脫下不尊二字

伐原示民以信之類也閩監毛本同惠棟挍宋本類下有是字

亦堪俟待後世世之聖人閩監毛本同考文引宋板世字不重

云聖人則之百世同道閩監毛本同惠棟挍宋本下有者字

未常有不行如此惠棟挍宋本同閩監毛本常作嘗

仲尼祖述堯舜節

辟如天地之無不持載閩監毛本岳本嘉靖本衞氏集說同惠棟挍宋本辟作譬石經同南宋石經下辟如同

爲能聰明睿知閩監毛本嘉靖本衞氏集說同石經睿作叡南宋石經同岳本同釋文出明叡

施及蠻貊各本同石經同釋文出蠻貉云本又作貊○按貉正字貊俗字

爲能經綸天下之大經各本同石經亦作綸釋文出能經論云本又作綸

安有所倚 惠棟按宋本如此宋監本岳本嘉靖本衞氏集說同考文引古本足利本同此本誤作安無所以閩監毛本倚字同有誤無

故人人自以被德尤厚 閩監毛本同惠棟按宋本無故字宋監本嘉靖本同岳本故作而

讀如誨爾忳忳之忳忳忳懇誠貌也 閩監毛本同岳本嘉靖本同衞氏集說同考文引宋板古本忳字不重段玉裁云如當作爲宋監本少一忳字非也

可與入德矣 閩監本同石經南宋石經岳本嘉靖本同衞氏集說同毛本與誤以考文引宋板亦作與

言聖人雖隱居 閩監毛本同惠棟按宋本居作遁嘉靖本同宋監本岳本作遯考文引足利本同釋文出隱遯云本又作遁

君子所不可及者 石經南宋石經岳本嘉靖本同閩監毛本所上有之字衞氏集說同石經考文提要云宋大字本宋本九經南宋巾箱本余仁仲本劉叔剛本並無之字

祇女在室獨居者　閩監毛本同衛氏集說同岳本嘉靖本者作耳考文引宋板古本足利本同

此頌也　閩監毛本同岳本嘉靖本同衛氏集說同考文引宋板頌作顯恐非

謂諸侯法之也　惠棟挍宋本有謂字宋監本岳本嘉靖本同考文引古本足利本同此本謂字脫閩監毛本同

詩云予懷明德　惠棟挍宋本作云石經同南宋石經同岳本同衛氏集說同此本云作曰嘉靖本同閩監毛本同

仲尼至以色　惠棟挍宋本無此五字

言夫子法明文武之德　考文引宋板同閩監毛本法作發按此承上憲法也章明也憲章猶法明故此言法明文武之德三本改法爲發失其義也

譽文王可知也　閩監毛本同惠棟挍宋本譽作舉

上經論夫子之德大如天閩監毛本同惠棟挍宋本大上有深字

詩曰衣錦尚褧閩監毛本同惠棟挍宋本褧作絅

風是所從來之末也此本所下空闕五字閩監毛本同考文引宋板空處補從來之末也五字按五字複衍各本刪去是也

被人採捕閩監毛本同惠棟挍宋本採作採

子曰聲色之於以化民節

人無聞其聲音亦無知其臭氣者閩監毛本同惠棟挍宋本亦作者岳本嘉靖本同

子曰至至矣惠棟挍宋本無此五字

尚有所比則有重惠棟挍宋本重有所比三字此本脫閩監毛本同

毛在虛中猶得隊下　惠棟挍宋本同閩監毛本隊作墜

附釋音禮記注疏卷第五十三　宋監本禮記卷第十六經三千五百九十三字注三千七百三十一字嘉靖本同

禮記注疏卷五十三挍勘記

附釋音禮記注疏卷第五十四

表記第三十二。陸曰鄭云以其記君子之德見於儀表者也〔疏〕正義曰按鄭目錄云名曰表記者以其記君子之德見於儀表此於別錄屬通論

子言之歸乎君子隱而顯不矜而莊不厲而威不言而信此孔子行應聘諸侯莫能用已心厭倦之辭也矜謂自尊大也厲謂嚴顏色。矜居陵反應應對之應已音紀厭於豔反〔疏〕子言至而信。正義曰此一篇揔論君子及小人爲行之本并論虞夏殷周質文之異又論爲臣事君之道各依文解之稱子言之凡有八所皇氏云皆是發端起義事之頭首記者詳之故稱子言之若於子言之下更廣開其事或曲說其理則直稱子曰今檢上下體例或如皇氏之言今依用之此一節是孔子應聘諸國莫能用已心有厭倦而爲此辭託之君子所以自明其德。歸乎者於時孔子身在他國不被任用故稱歸乎。君子隱而顯者君子身雖幽隱而道德潛通聲名顯著故云隱而顯也。不矜而莊者矜謂自尊大莊敬也言不自尊大

而人尊敬也○不厲而威者常行仁義道德不自嚴厲而人威服也不言而信者不須出言而人體信以其積德咸通故所致如此此皆夫子自道已德而然但假諸君子○注此孔至辭也○正義曰知此是應聘諸侯莫能用已心厭倦之辭者以發首云歸乎是從他國欲歸於魯猶若論語云子在陳稱歸與歸與吾黨之小子云是其不用而辭歸也

子曰君子不失足於人不失色於人不失口於人是故君子貌足畏也色足憚也言足信也失謂失其容止之節也玉藻曰足容重色容莊口容止○憚大旦反甫刑曰敬忌而罔有擇言在躬甫刑尚書篇名忌之言戒也言已外敬而心戒慎則無有可擇之言加於身也

〔疏〕子曰至在躬○正義曰此一經廣明君子之德亦夫子竊自言也不失足於人者足容重不失此足之容儀而作夸毗進退於衆人也○不失色於人者色容須矜莊不失此色之容儀而作籧篨戚施於衆人也○不失口於人者口容須安止不失此口之容儀而作諂私曲媚於衆人也○是故至足信也此皆覆結上文○甫刑曰敬忌而罔有擇言在躬者甫刑

尚書篇名呂刑也甫侯爲穆王說刑故稱甫刑忌戒也罔無
也言已外貌恭敬心能戒忌而無有可擇去之言在於躬也
今君子之德亦能如此故引甫刑以結之證君子無可擇去
之言則上云言足信是也然則敬之與忌則是君子貌足畏
色足憚也子曰裼襲之不相因也欲民之毋相瀆也不相因者以其或以裼爲敬或以襲爲敬禮盛者以襲爲敬執玉龜之屬也禮不盛者以裼爲敬受享是也○裼襲思歷反下音習毋音無下同瀆大木反子曰祭極敬不繼之以樂朝極辨不繼之以倦極猶盡也辨分別政事也祭義曰祭之日樂與哀半饗之必樂已至必哀○樂音洛注同又音岳朝直遥反下注朝聘同【疏】子曰至以倦○
倦本又作勌其眷反別彼列反已音以　正義曰以前經
云君子貌足畏色足憚故此經云毋相瀆鄭是可憚之事也
裼襲之不相因也者行禮之時禮不盛者則露見裼衣禮盛
之時則重襲上服是行禮初盛則襲衣禮不盛則裼衣是裼
襲不相因也若始末恒裼襲是相因也其行禮之時或初襲
而後裼或初裼而後襲所以然者欲使人民無相褻瀆使禮
相變革也○注禮盛至是也○正義曰案聘禮賓初行聘時

則襲故聘禮云賓襲執圭是也至聘訖受享之時賓裼奉束帛加璧行享聘爲禮盛故襲享爲禮不盛故裼聘時有玉故云執玉也玉藻曰執玉龜襲故云之屬也桼行享執璧璧亦是玉於時裼衣而云以襲執玉龜者但享時雖執璧以璧致享比聘時執玉爲輕故享雖有璧而裼也又賓介自相授玉之時介禮輕裼而執圭以受賓賓禮重則襲而後受圭是賓之與介亦裼襲不相因故聘禮云上介不襲執圭屈繅授賓賓襲執圭是也○子曰祭極敬不繼之以樂朝極辨不繼之以倦○正義曰以前經毋相瀆故此經明行敬之時不可以樂倦也極盡也言祭祀極盡於敬不可以終末繼之以樂而不敬言朝禮極盡於分別政事不可以終末繼之以解倦而不分別也○注祭義至必哀○正義曰引之者證明此經不可繼之以樂之事也

子曰君子愼以辟禍篤以不揜恭以遠恥篤厚也揜猶困迫也○辟、音避揜於檢反遠于萬反【疏】子曰至遠恥○正義曰愼以辟禍者言君子恒須謹愼以辟禍患也篤以不揜者篤厚也揜謂困迫也言君子篤厚行於善道不使揜逼而被困迫也言恭以遠恥者又能恭敬而遠恥辱也

子曰君子莊敬日強安肆日偷肆猶放恣

也偷苟且也肆或爲褻○日強上人實反下同下其良反肆音四偷他侯反注同恣咨嗣反君子不以

一日使其躬儳焉如不終日儳焉可輕賤之貌也如不終日言人而無禮死無時○儳徐在鑑反又仕鑑反子曰齊戒以事鬼神擇日月以

見君恐民之不敬也擇日月以見君謂臣在邑竟者○齊側皆反見賢遍反注同竟音境子曰狎侮死焉而不畏也忕於無敬心也○狎下甲反習也侮亡甫反忕時世反又時設反

【疏】子曰至畏也○正義曰此經又廣明恭敬之事言君子之人恒能莊敬故德業日強○安肆日偷者肆謂放恣偷謂苟且言小人安樂放恣則其情性日爲苟且經不云小人文不具也○君子不以一日使其躬儳焉如不終日者儳可輕賤之貌言君子則常行善道不以一日之間使其身儳焉可輕賤如小人不能終竟一日也言不得長久也若小人恒爲無禮使其身可輕賤死期促近不能終竟一日也○注擇日月以見君謂臣在邑竟者○正義曰知者以其經云擇日月以見君若朝廷之臣則每日朝君何得云擇日月據此故知邑竟或擇日出使在外或食邑別

都見君之時須擇日月也○子曰狎侮死焉而不畏也○正義曰前經明君子恒能行恭敬此明小人唯好狎侮言小人遞相輕狎侮慢相侵雖有死焉禍害而不知畏懼也以其狀於無敬心故也言數爲無恭敬之心好相狎侮故至於死焉而不知畏懼也

子曰無辭不相接也無禮不相見也欲民之毋相褻也辭所以通情也禮謂摯也春秋傳曰古者諸侯有朝聘之事號辭必稱先君以相接也○褻息列反摯音至本亦作贄

易曰初筮告再三瀆瀆則不告瀆之言褻也○筮市制反三息暫反又如字

【疏】子曰至不告○正義曰前明小人狎侮至於死亡此明君子無相褻瀆○無辭不相接者言朝聘會聚之時必有言辭以通情意若無言辭則不得相交接也○無禮不相見者禮謂贄幣也贄幣所以示已情若無贄幣之禮不得相見所以然者欲民之無相褻瀆也○易曰初筮告再三瀆瀆則不告者此易蒙卦辭○蒙卦坎下艮上艮爲山坎爲水山下出泉是物之蒙昧童蒙之象也筮問也言童蒙初來問師師則告之若再三來問是爲褻瀆問既褻瀆師則不復告之引者證無相褻瀆之義也

子言之仁

者天下之表也義者天下之制也報者天下之利也報謂禮也禮尙往來子曰以德報德則民有所勸以怨報怨則民有所懲懲謂創艾○懲直陵反創初亮反又初良反又或又作艾魚廢反皇魚蓋反詩曰無言不讎無德不報讎猶荅也○讎音酬大甲曰民非后無能胥以寧后非民無以辟四方大甲湯孫也書以名篇胥相也民非君不能以相安○大音泰下注同無能胥以寧尙書作罔克胥匡以生辟音璧君也子曰以德報怨則寬身之仁也以怨報德則刑戮之民也寬猶愛也愛身以息怨非禮之正也仁亦當言民聲之誤○戮音六本又或作僇音同子曰無欲而好仁者無畏而惡不仁者天下一人而已矣是故君子議道自己而置

法以民（一人而已喻少也自己自盡己所能行○好呼報反惡烏路反）子曰仁有三與仁同功而異情（三謂安仁也利仁也强仁也利仁强仁功雖與安仁者同本情則異○强其兩反下文同）與仁同功其仁未可知也與仁同過然後其仁可知也仁者安仁知者利仁畏罪者强仁（功者人所貪也過者人所辟也在過之中非其本情者或有悔者焉○知音智辟音避）仁者右也道者左也仁者人也道者義也（右也左也言相須而成也人也謂施以人恩也義也謂斷以事宜也春秋傳曰執未有言舍之者此其言舍之何人之也○斷丁亂反）厚於仁者薄於義親而不尊厚於義者薄於仁尊而不親（言仁義並行者也仁多則人親之義多則人尊之）道有至義有考至道以王義道以霸考道以爲無失（此讀

當言道有至有義有攷字脫一有耳有至謂兼仁義者有義則無仁矣有攷攷成也能取仁義之一成之以不失於人非性也○道有至義依注讀爲道有至有義王于況反脫音奪

【疏】子言至無失○正義曰此一節摠明仁義之事各隨文解之以其與上別端故更稱子言之○仁者天下之表也表謂儀表言仁恩是行之盛極故爲天下之儀表也○義者天下之制也義宜也制謂裁斷既使物各得其宜是能裁斷於事也○報者天下之利也者報謂禮也禮尙往來相反報物得其利故云天下之利也○詩曰無言不讎無德不報者此詩大雅抑之篇刺厲王之詩引之者證經相報之義○大甲曰民非后無能胥以寧后非民無以辟四方者此尙書大甲之篇大甲湯孫大丁之子湯崩大甲立伊尹作書訓之故云大甲后君也胥相也伊尹言民若無君無能相匡正以自安居也君若無民無以君領四方引之者證君之與民上下各以其事相報是相報荅之義也故引以結之○子曰以德報怨則寬身之仁也言子曰者廣明以禮相報之義寬身之仁者若以直報怨是禮之常也今以德報怨但是寬愛己身之民欲苟息禍患非禮之正也○以怨報德則刑戮之民也者禮當以德報德今以怨報德其人凶惡是合刑戮之民也○子曰無欲而好仁者自此以下廣明仁道凡仁道有

三一是安仁二是利仁三是强仁此明安仁之事安仁者無所畏惡而自安仁道凡人好仁皆有所欲今無有所求欲而自好仁道。無畏而惡不仁者凡人憎惡不仁皆有所畏始惡不仁今無有所畏而能惡不仁者。天下一人而已矣者言無欲好仁無畏惡不仁雖天下之人廣能行此者但有一人而已喻其少也。是故君子議道自已者好仁之法須恩惠及人當恕已而行故君子謀議道理先自已而始。置法以民者已所能行乃施於人故云置法以民言從已而始乃可以施置法度於它人。子曰仁有三與仁同功而異情一此明仁道有三其功雖同其情則異以終能汎愛其功同也一則無所求爲而安靜行仁一則規求其利而行仁一則畏懼於罪而行仁是異情也。與仁同功其仁未可知也者此一經申明同功異情之事三者之仁其功俱是汎施博愛與事一種是未可知也。與仁同過然後其仁可知也者過謂利之與害若遭過利害之事其行仁之情則可知也。仁者安仁者此明三者可知之事若天性仁者非關利害而安仁也知者利仁者若有知謀者貪利而行仁有利則行無利則止。非本情也。畏罪者强仁者若畏懼於罪者自强行仁望免離於罪若無所畏則不能行仁也。仁者右也道者左也此經明仁義相須若手之左右仁恩者若人之右手右手是用之便也仁恩亦行之急也。道者左也道是履蹈而行比仁恩稍劣故爲左也。仁者人也言仁恩之道以人情相愛偶也。道者義也義宜也凡可履蹈而行者必斷割得宜然可履蹈故云道者義也。注人也至人也。正義曰人也謂施以人恩也解經中仁者人也仁謂施以人恩言施人以恩正謂意相愛偶人也云義也謂斷以事宜也謂裁斷其理使合事宜故可履蹈而行是道者義也引春秋傳者此成十六年公羊傳文案彼稱晉人執季孫行父舍之于招丘傳云執未有言舍之者此其言舍之何人也傳稱春秋諸侯執大夫經不書舍此執行父言舍之招丘何欲人愛此行父故特言舍之引之者證人是人偶相存愛之義也。道有至義有攷者如注所云當云道有至有義有攷義上脫一有字言道之所用有至一也至謂兼行仁義行之至極故云有至有義二也謂仁義之中唯有義無仁故云有義有攷三也攷成也謂於仁義之中或取仁或取義之一事勉力成之非本性也。至道以王者既能兼行仁義至極可以王有天下故云至道以王。義道以霸者直能斷決若齊桓晉文以甲兵斷割可以霸於諸侯故云義道以霸也。攷道以爲無失者既於仁義之中隨取其一而成之以道不違於理故云攷道以爲無失也。注有至至性也。正義曰知有至謂兼仁義者此經云至道以王故穀梁傳云仁義歸往曰王是王有仁義也又案前經道者義也是唯義與道此經云道有至有義有攷是一道之内兼有三種與前經不同者但道之爲義取開通履蹈而行兼包大小精麁若大而言之則大道造化自然之理謂之爲道則老子云道可道非常道則自然造化虚無之謂也若小而言之凡人才藝亦謂之爲道是道無定分隨大小異言皆是開通於物其身履蹈而行也云攷成也爾雅釋詁文也云能取仁義之一成之以不失於人者以攷道劣於至道又劣於義但能於仁義之中隨其一能成就之不失於人謂於人不失也云非性也者言攷道勉强而行以成就之非是天性自然所禀者然則至道義道天性有之也

子言之仁有數義有長短小大中心憯怛愛人之仁也率法而强之資仁者也資取也數與長短小大互言之耳性仁義者其數長大取仁義者其數短小○數所住反憯七感反怛丹葛反

詩云豐水有芑武王豈不仕詒厥孫謀以燕翼子武王烝哉數世之人也芑枸檵也仕之言事也詒遺也燕安

也烝君也言武王豈不念天下之事乎如豐水之有芑矣乃遺其後世之子孫以善謀以安翼其子也君哉武王美之也○豐芳弓反芑音起詒以之反烝之承反數色主反枸本亦作苟蘊音計遺于季反下同

國風曰我今不閱皇恤我後終身之仁也

閱猶容也皇暇也恤憂也言我今尚恐不能自容何暇憂我後之人乎○我今毛詩作我躬閱音悅

疏 子言至仁也○正義曰自此以下至不稱其服更廣明仁義之道又顯中心外貌內外相稱故更稱子言之○仁有數者行仁之道有度數多少也○義有長短小大者言義之爲體有長有短有小有大言仁有數則義亦有數義言長短小大則仁亦有長短小大互言之也若天性仁義者則其數長而大若强取仁義而行者則其數短而小長謂國祚久遠大謂覆養廣多短謂世位淺促小謂所施狹近也○中心憯怛愛人之仁也此明性有仁者以天性自仁故中心悽憯傷怛憐愛於人故云愛人之仁也○率法而强之資仁者也此明取仁者率循也資取也率循善法自强行之非是天性直取仁道行之者也○詩云豐水有芑武王豈不仕者證天性之仁其數長所引詩者大雅文王有聲之篇美武王之德言豐水自然有芑喻武王之身自然有天下之事故云

武王豈不仕仕之言事也言武王豈不念天下之事乎猶如豐水豈無此芑乎○詒厥孫謀者詒遺也厥其也孫謂子孫謀謂善謀言武王能遺其子孫以美善之謀謂伐紂定天下以王業遺於子孫○以燕翼子者燕安也翼助也言武王能安助其子孫也○武王烝哉者烝君也言武王有爲君之德哉○數世之仁者以武王行仁遺及子孫是仁之所及其數長也○國風曰我今不閱皇恤我後此引國風者明取仁義者其數短也所引詩者是邶風谷風之篇婦人被夫棄絶初憂子孫困苦還自悔之云我今不閱閱容也言我今尚不能自容被夫放棄○皇恤我後者皇暇也恤憂也言我有何閒暇能憂我後世子孫之人乎引之者證取仁而行者唯在我當身之主○何暇能憂及後世是終身之仁也唯望終竟一身是其數短也前文云仁有數義有長短小大仁義並言此獨說仁者以仁事爲重故舉仁言之則其義可知也○注芑枸至之也○正義曰芑枸檵爾雅釋木文孫炎云則今枸芑也云乃遺其後世之子孫以善謀者孫謂子孫也云以安翼其子也者翼助也謂以王業保安翼助其子孫案詩箋以詒爲傳以孫爲順以翼爲敬言傳其所順天下之謀以安其敬事之子孫謂使其長行之也與此乖者引詩斷章此經云數世之仁故以爲子孫而翼成之也

子曰仁

之爲器重其爲道遠舉者莫能勝也行者莫能致也取數多者仁也夫勉於仁者不亦難乎取數多言計天下之道仁居其多○勝音升數色住反是故君子以義度人則難爲人以人望人則賢者可知已矣言以先王成法儗度人則難中也當以時人相比方耳○度待洛反注同儗魚起反中丁仲反子曰中心安仁者天下一人而已矣大雅曰德輶如毛民鮮克舉之我儀圖之惟仲山甫舉之愛莫助之輶輕也鮮罕也儀匹也圖謀也愛猶惜也言德之輕如毛耳人皆以爲重罕能舉行之者作此詩者周宣王之大臣也言我之匹謀之仲山甫則能舉行之美之也惜乎時人無能助之者言賢者少○輶音酉一音由鮮息淺反注及下並同小雅曰高山仰止景行行止仰高勤行者仁之次也景

明也有明行者謂古賢聖也○仰止本或作仰之景行下孟反注明行同行止詩作行之子曰詩之好仁如此鄉道而行中道而廢忘身之老也不知年數之不足俛焉日有孳孳斃而后已廢喻力極罷頓不能復行則止也俛焉勤勞之貌斃仆也○好呼報反下同鄉許亮反數色住反强其兩反一本作俛音俛本或作僶非也孳音茲斃音弊仆也本又作斃已音以罷音皮頓如字又徒困反復扶又反仆蒲北反又音赴子曰仁之難成久矣人人失其所好言仁道不成人所由不得其志故仁者之過易辭也辭猶解説也仁者恭儉雖有過不爲甚矣唯聖人無過○易以豉反下同解古買反徐又音蟹子曰恭近禮儉近仁信近情敬讓以行此雖有過其不甚矣夫恭寡過情可信儉易容也以此失之者不亦鮮乎言罕以此失之○近

附近之近下同詩曰温温恭人惟德之基子曰仁之難成久矣惟君子能之言能成人道者少也是故君子不以其所能者病人不以人之所不能者愧人病愧謂罪咎之。○咎其九反是故聖人之制行也不制以己使民有所勸勉愧恥以行其言以中人爲制則賢者勸勉不及者愧恥聖人之言乃行也○甫行下孟反已音紀禮以節之信以結之容貌以文之衣服以移之朋友以極之欲民之有壹也移讀如禾汜移之移移猶廣大也極致也壹謂專心於善○移昌氏反注汜移之移移猶大也同徐又怡者反一音以元反汜芳劒反小雅曰不愧于人不畏于天言人有所行當慙怖於天人也○怖普故反是故君子服其服則文以君子之容有其容則文以君子之辭遂其辭則實以君子之德遂猶成也是故君子恥服其服而無其容恥有其容而無其辭恥有其辭而無其德恥有其德而無其行無其行謂不行其德是故君子衰經則有哀色端冕則有敬色甲胄則有不可辱之色言色稱其服也○衰七雷反經田節反胄直又反詩云惟鵜在梁不濡其翼彼記之子不稱其服鵜鵜胡汚澤也汚澤善居泥水之中在魚原以不濡汚其翼為才如君子以稱其服為有德○鵜音啼鵜胡音徒兮反一名淘河濡而朱反記徐紀吏反汚澤一音烏下又作洿一音化故反濡汚汚辱之汚

【疏】子曰至其服○此一節廣明仁故言子曰○仁之為器重者仁是愛養非賢聖不能行故言為器重○其為道遠者以廣博覆物是為道廣遠也○舉者莫能勝也行者莫能致也據凡

庸於仁不能勝致也○取數多者仁也言於萬種善事之中
論利益於物取數最多者是仁也言仁恩於善事之中利益
最多也○夫勉於仁者不亦難乎言仁爲愛養行之不易故
勉力行仁者不亦難乎言其難也○是故君子以義度人則
難爲人者義宜也言在上君子以先王之義儗度於人欲使
人必行先王成法則難可爲人言人難中於古法也○以人
望人則賢者可知已矣者望比也言以今世人道比望於古
人能合於今世事者則是賢人也若不能合於今世事者則
非賢人也故云則賢者可知已矣已矣語助也此明仁道不
可以古義責人當以時事儗人是仁恩之心○子曰中心安
仁者天下一人而已矣言中心安靜行仁是天性仁者天下
之間唯一人而已矣言少也○大雅曰德輶如毛民鮮克舉之
我儀圖之引詩大雅烝民之篇以明行仁者少也德輶如毛民鮮
克舉之者此詩美宣王之大臣仲山甫也輶輕也鮮罕也克能
也言德之輕易舉如毛然民尚以爲重罕能舉而行之也我
儀圖之者儀匹也圖謀也詩人言我與倫匹共圖謀能舉行
之也○唯仲山甫舉之愛莫助之者愛惜也言唯有仲山甫
能舉行其德可惜乎無人能助行之者記人引此者證中心
安仁者少亦無人能行之言賢者少也○注輶輕也圖謀也
○正義曰輶輕也爾雅釋言文圖謀也釋詁文○小雅曰高

山仰止景行行止者此小雅刺幽王之詩車舝之篇言幽王若能脩德如高山則天下之人瞻仰之若幽王有景明之行則天下之人仰行之引之者證古昔賢聖能行仁道則後世之人瞻仰慕行也○子曰詩之好仁如此者言高山景行瞻仰慕行是好愛仁德如此之甚也○鄉道而行中道而廢者言好仁之甚鄉仁道而行在於中道力之罷極而始休廢之也○忘身之老也不知年數之不足也言行仁勤急忘已身之衰老不自覺知年數之不足言已雖年老謂爲數淺少不復盈足猶行仁不止○俛焉日有孳孳斃而后已者言形貌俛俛焉勤勞行仁每日恒有孳孳唯力之斃仆而后已止言行仁之道深也熊氏云俛焉謂前僶焉可輕賤以爲字同而注異熊氏之說非也○子曰仁之難成久矣言仁道難成非始今日其來久矣○人人失其所好者人人謂天下衆人由仁道不成天下衆人皆失其所愛好之事若有仁道人皆得其所愛好之事所不愛好者是吉慶福祥也○注言仁至其志○正義曰言仁道不成解仁之難成久矣云人所由不得其志解經人人失其所好由仁道不成無所依恃民人由此不得其志意之所好多有禍害若仁道成人皆得所願也故仁者之過易辭也者以仁是善行故仁者有過其惡不甚易可以言辭解說也此謂取仁行者故有過耳其聖人天性仁者

全無過也子曰恭近禮禮主於敬恭近於禮○儉近仁者以儉不費用無害於物故近仁也○信近情者信謂言語信實故近情也○夫恭寡過者恒能恭敬故寡少於過也○情可信者以情示人故可信也○儉易容也者以儉則寡求故易容也○詩云温温恭人惟德之基者此大雅抑之篇刺厲王之詩言顏色温温和柔恭敬之人惟能爲德之基也引之者結上文恭近禮其過寡少是爲德之基也○是故君子不以其所能者病人者謂不以已之所能使他人必能若他人不能則爲困病是不以所能之事病困於人也○不以人之所不能者愧人者謂他人力所不能必欲使之能行若他人之所不能則以爲愧耻故不以人之所不能耻愧困苦於人若能如此亦仁者之行也○是故聖人之制行也不制以已者言聖人之制法立行不造制以已之所能謂不將已之所能以爲制人法恐凡人不能行也○使民有所勸勉愧耻以行其言者既不制以已之所能但制以中人之行使得可行則民有所自勸勉不能者自懷愧耻如此則民得以行其聖人之言也○衣服以移之者言聖人用中禮而作法故制以禮信容貌又用衣服移大之使之尊嚴也○朋友以極之者謂朋友相勸勵以極致於道也○欲民之有壹也者壹謂專壹於善道所以爲此教化者欲使民人專心壹意於善道也○小雅

曰不愧于人不畏于天者此詩何人斯之篇是蘇公刺責暴公暴公讒譖於已是不愧慙於人不畏懼於天引之者言人之行當須愧於人畏於天也○遂其辭則實以君子之德者遂猶成也實猶充也言君子既成其文辭則當充實之以君子之德也○恥有其德而無其行者德在於内行接於外内既有德當須以德行之於外以接於人民若有德無行是君子所恥故云恥有其德而無其行也○詩云惟鵜在梁不濡其翼者此詩曹風候人之篇刺曹共公之詩鵜是污澤也言鵜在魚梁之上能不濡濕其翼以其爲善猶如君子在朝能稱可其服亦爲善彼記之子不稱其服者記是語辭言彼曹朝小人之子内無其德不能稱可其在外之服引之者以前經言君子内外皆須相稱故引此詩結之○注鵜鵜至有德○正義曰鵜污澤爾雅釋鳥文郭景純云今之鵜鶘也好羣飛沈於水食魚故名污澤俗呼之爲淘河也云以不濡污其翼爲才者言凡鳥居水中必濡濕其翼今鵜鶘在水中獨能不濡其翼故爲才案詩注云鵜鳥在梁可謂不濡其翼乎言必濡其翼也猶如小人在位必辱其職與此乎者注禮在前注詩在後故所注不同也

子言之君子之所謂義者貴賤皆有事於天下天子親

耕粢盛秬鬯以事上帝故諸侯勤以輔事於天子言無事而居位食祿是不義而富且貴○粢盛音咨杜預云黍稷曰粢在器曰盛秬音巨黑黍鬯勑亮反香酒也

子曰下之事上也雖有庇民之大德不敢有君民之心仁之厚也庇覆也無君民之心是思不出其位○庇必利反徐方至反文音秘是故君子恭儉以求役仁信讓以求役禮不自尚其事不自尊其身儉於位而寡於欲讓於賢卑己而尊人小心而畏義求以事君役之言爲也求以事君者欲成其忠臣之名也得之自是不得自是以聽天命言不易道徼祿利也○易音亦徼古堯反詩云莫莫葛藟施于條枚凱弟君子求福不回凱樂也弟易也言樂易之君子其求福修德以俟之

不爲回邪之行。要之如葛藟之延蔓於條枚是其性也○藟音誄力水反施以豉反條枚亡回反毛詩傳云枝曰條幹曰枚凱本亦作愷又作豈同開待反後放此弟如字本又作悌音同注及下皆同樂音洛下同易以豉反下同邪似嗟反曲也行下孟反下至下文行之浮於名也及注皆同要一遙反蔓音萬

其舜禹文王周公之謂與有君民之大德有事君之小心

言此德當不回也○與音餘

詩云惟此文王小心翼翼昭事上帝聿懷多福厥德不回以受方國

昭明也上帝天也聿述也懷至也言述行上帝德以至於多福也方四方也受四方之國謂王天下○聿尹必反謂王于況反

子曰先王論以尊名節以壹惠恥名之浮於行也

論者行之迹也名者謂聲譽也言先王論行以爲論以尊名者使聲譽可得而尊言也壹讀爲一惠猶善也言聲譽雖有衆多者即以其行一大善者爲論耳在上曰浮君子勤行成功聲譽踰行是所恥○論音示

是故君子不自

大其事不自尚其功以求處情過行弗率以求處厚彰人之善而美人之功以求下賢率循也○行過不復循行猶不二過○下戶嫁反復扶又反是故君子雖自卑而民敬尊之言謙者所以成行立德子曰后稷天下之爲烈也豈一手一足哉烈業也言后稷造稼穡天下世以爲業豈一手一足踰用之者多無數也唯欲行之浮於名也故自謂便人亦言其謙也辟作聖之名云自○便習於此事之人耳○行下孟反便婢面反又婢緜反注同辟音避

疏　子言至便人○正義曰此一節明天子以下各有其事又明舜禹文王周公之德皆能上事天帝下庇四方事異於上故記者詳之又稱子言之也○天子親耕粢盛秬鬯以事上帝者天子事上帝諸侯事天子是貴賤皆有事於天子粢小宰注云天地大神至尊不祼此祭上帝有秬鬯者凡鬯有二若和之以鬱謂之鬱鬯鬱人所掌是也祭宗廟而灌也若不和鬱謂之秬鬯鬯人所掌是也謂五齊之酒以秬

鬯爲之以芬芳調暢故言秬鬯故得以事上帝大宗伯云涖玉鬯者謂享大鬼也棫樸詩云奉璋峨峨者謂據祭宗廟也故與此不同也○是故君子恭儉以求役仁君子有仁德至誠之君子言君子既有庇民大德又自謙退不敢有君民之心是仁愛深厚以此之故君子恭敬節儉以求施爲仁道也役爲也言以此求施爲仁道也○信讓以求役禮者謂信實退讓以求施爲於禮也○得之自是不得自是者得之謂得利祿也言雖得利祿自行其爲是之道若不得利祿亦自行其爲是之道言不問得之與失恒行其是而不行非也○以聽天命者言不苟易其道也○詩云莫莫葛藟施于條枚者此詩大雅旱麓之篇美文王之詩言文王之興依約先祖莫莫然如葛藟之蔓草延施于條枚之木猶如子孫之興亦由先祖而德盛也○凱弟君子求福不回者凱樂也弟易也言大王王季樂易之君子求福不爲回邪之行引之者證君子以聽天命雖求福祿不爲邪僻之行今以爲葛藟施於條枚是其性也君子求福不爲回邪亦是其性引斷章取義故與詩文不同也其舜禹文王周公之謂與者此是凱弟君子求福不回邪之謂與以其雖有庇民之大德恒有事君之小心常能長懼是不回也○詩云惟此文王小心翼翼昭事上帝聿懷多福者此詩大雅大明之篇美文王之詩言文王小心

翼翼以昭明道德尊事上帝聿述也懷至也言文王述行上
帝之德以受衆多之福○厥德不回以受方國者其德不有
回邪故受四方衆國爲天子也引之者證上求福不回也○
子曰先王諡以尊名○以前經論君子求福不回此一節廣
明君子名行相副畢已尊人之義○諡以尊名者諡謂諡號
名謂聲譽言人身死之後累列生時之行跡作諡號者以尊
敬生前之聲名可得傳於後世○節以壹惠者言爲諡之時
善行雖多但限節以一箇善惠以爲諡也○恥名之浮於行
也者所以善行既多但取一事爲諡者恥善名之多浮過於
行忠行不副於名所以減衆書之名但取一事之善爲諡也
○是故君子不自大其事不自尙其功以求處情者大謂誇
大[illegible]不欲行過於名故不自誇大其所爲之事不自加尙其
所爲之功名所以不大尙者以求處情實不欲虛爲矯飾也
○過行弗率以求處厚者率循也若有過失之行不復循而
行之即脩改以求處其仁厚之道過失即改以求處其厚也
○注壹讀爲一惠猶善也言聲譽雖有至踰行所恥○正義
曰上壹是齊壹下一是數之一二也今經文爲大壹之字鄭
恐是均同之理故讀爲小一取一箇善名而爲諡耳○云在
上曰浮者言物在水上稱浮如浮雲云君子勤行成功聲譽
踰行是所恥者言君子之人唯寢默勤行成功不自彰伐若

使聲譽踰越於行是君子所恥也○子曰后稷天下之爲烈也豈一手一足哉○以上經君子取名浮於行故此經名后稷證名不可過行也言后稷雖有大業不自謂聖人而稱便人后稷天下之爲烈者言后稷周之始祖有播殖之功烈業也言天下之人並將爲業豈一手一足哉者言后稷之功豈止一人之手一人之足而用之哉言用之者多天下皆是也○唯欲行之浮於名也故自謂便人者言后稷唯欲得實行過於虛名故自謂便於稼穡之人不自謂巳之仁聖也

子言之君子之所謂仁者其難乎詩云凱弟君子民之父母凱以強教之弟以說安之樂而毋荒有禮而親威莊而安孝慈而敬使民有父之尊有母之親如此而后可以爲民父母矣非至德其孰能如此乎 有父之尊有母之親謂其尊親巳如父母○強其良反徐其兩反說音悅毋荒音無

〔疏〕子言至此乎○正義曰此以下至不勝其文更廣明仁道又顯尊親之異

并論虞夏商周質文不等今各隨文解之○仁者其難乎言行仁之道其甚難乎爲之不易○詩云凱弟君子民之父母者言仁道爲難若有仁行可以爲民之父母此詩大雅泂酌之篇戒成王之詩也凱樂也弟易也言使民樂易之君子則得爲民之父母言不易也○凱以强教之弟以說安之孔子既引詩又釋凱弟之義凱樂也言君子初以仁政化下使人樂仰自强不息是凱以强教之弟謂遜弟言以遜弟之道下化於民民皆說豫而康安是弟以說安之也○樂而毋荒有禮而親者樂失於荒禮失於疏言明君教下爲樂而毋荒有禮而相親也威莊而安孝慈而敬者凡矜莊者失在危懼孝慈者失在慢易今明君臨下威嚴矜莊而民安也孝順慈愛而民敬也○使民有父之尊有母之親者以有威莊故有父之尊言尊之如父以有孝慈故有母之親言親之如母也○非至德其孰能如此乎者言若非至德之君其誰能使民如此言仁道難也今父之親子也親賢而下無能母之親子也賢則親之無能則憐之母親而不尊父尊而不親水之於民也親而不尊火尊而不

親土之於民也親而不尊天尊而不親命之於民也親而不尊鬼尊而不親或見尊或見親以其嚴與恩所尚異也命謂四時政令所以教民勤事也鬼謂四時祭祀所以訓民事君也○憐力田反【疏】今父至不親○此明尊親之異父母不同今父之親子也親賢而下無能者言父之於子若見賢者則親愛之若見無能者則下賤之以父立於義分別善惡也○母之親子也賢則親之無能則憐之者言母之於子見賢則親愛之見其子無能則憐愛之母以恩愛不能分別善惡故也○水之於民也親而不尊者水沐浴人多用故親而不尊○火尊而不親者火須離之近則傷害人人不須輕近故尊而不親○土之於民也親而不尊者土能生物載養於人是親也於人為近人所居處遠不尊也○天尊而不親者天有雷霆日月震耀殺戮是尊也而體高遠是不親也○命之於民也親而不尊者謂人君教命隨四時以教於人欲人生厚是親也附近於民使民勤事是不尊○鬼尊而不親者鬼謂鬼神神道嚴敬降人禍福是尊也人神道隔無形可見是不親也

子曰夏道尊命事鬼敬神而遠之

近人而忠焉先祿而後威先賞而後罰親而不尊遠鬼神近人謂外宗廟內朝廷。遠于萬反注及下同近附近之近注及下同朝直遥反下同其民之敝惷而愚喬而野朴而不文以本不困於刑罰少詐諼也敝謂政教衰失之時也。惷傷容反徐昌容反范陽江反又丁絳反字林音丑降反丑凶反喬音驕朴普角反諼況袁反詐也忘也〔疏〕子曰至不文。正義曰此一節明夏道親而不尊之義。夏道尊命言夏之爲政之道尊重四時政教之命使人勸事樂功也。事鬼敬神而遠之近人而忠焉者宗廟在外是遠鬼神也朝廷在內是近人也以忠恕養於民是忠焉也所爲如此是親而不尊也。其民之敝惷而愚者敝謂其後世政教衰敗時夏家後世政教敗時民皆惷愚所以然者昔時恒先祿後罰則民皆承寬裕無澆詭也情既不澆詭至於衰末猶不知避嚴刑峻法如惷愚也。喬而野者亦因昔時寬裕忠恕至末世民猶驕野如淳朴之時也。朴而不文者淳時民皆質朴不競文華至亂時猶承奉之亦然也。注以本不困於刑罰少詐諼也。正義曰以夏尚仁恩其民不困苦於刑罰及其衰末猶有先世遺風少有詐僞諼妄

爾雅。訓云萲諼忘也則忘字亡下著心今與詐相對則諼是詐之義當亡下著女也

殷人尊神率民以事神先鬼而後禮先罰而後賞尊而不親先鬼後禮謂內宗廟外朝廷也禮者君臣朝會凡以摯交接相施予。以摯音至相施始至反下文同其民之敝蕩而不靜勝而無恥以本怢於鬼神虛無之事令其心放蕩無所定困於刑罰苟勝免而無恥也月令曰無作淫巧以蕩上心。勝而始證反怢音誓與上怢於同令其力呈反巧若教反又如字

疏殷人至無恥。此一節明殷代尊而不親之事尚虛無之事故率民以事神。先罰而後賞者案襄二十六年左傳云賞以春夏罰以秋冬又月令云春行夏賞秋冬行刑與此違者彼謂王者大體一歲之中法天道生殺故春夏賞秋冬刑此記所云謂賞罰同時所行夏則先賞後罰殷則先罰後賞其民之敝蕩而不靜者以其本尚虛無之事尊敬鬼神至其末世敝失其民放蕩不能安靜也。勝而無恥者由本困於刑罰但得苟勝無以慙恥。注云先鬼而後禮謂內宗廟外朝廷也。正義曰以夏周人敬鬼神而遠之近人而忠焉外宗廟內朝廷以此反之則殷人先鬼後禮是內

宗廟外朝廷也○注以本伏於鬼神虛無之事令其心放蕩無所定○正義曰伏串也習也貴尚習鬼神鬼神無體故云虛無之事以爲事不在實故心放蕩無所定也

周人尊禮尚施事鬼敬神而遠之近人而忠焉其賞罰用爵列親而不尊賞罰用爵列以尊卑爲差其民之敝利而巧文而不慙賊而蔽以本數交接以言辭尊卑多獄訟○蔽畢世反又音弊數色角反

〔疏〕○周人至而蔽○此明周代親而不尊之事○尊禮尚施者謂尊重禮之往來之法貴尚施惠之事也○其賞罰用爵列者既不先賞後罰亦不先罰後賞唯用爵列尊卑或賞或罰也○其民之敝利而巧文而不慙者以其尚禮本數交接往來故便利機巧多文辭而無慙愧之心也○賊而蔽者以本爲治之時上下有序至其敝末尊卑錯失爲饒獄訟共相賊害而困蔽以其禮失於煩故致然也夏道尊命至殷人尊神周人尊禮三代所尊不同者案元命包云三王有失故立三教以相變夏人之立教以忠其失野故救野莫若敬殷人之立教以敬其失鬼救鬼莫若文周人之立教以文其失蕩故救蕩莫若忠如此循環周則

復始窮則相承此亦三王之道故三代不同也子曰夏道未瀆辭不求備不大望於民民未厭其親殷人未瀆禮而求備於民周人强民未瀆神而賞爵刑罰窮矣

未瀆辭者謂時王不尚辭民不褻爲也不求備不大望言其政寬貢稅輕也强民言承殷難變之敝也賞爵刑罰窮矣言其繁文備設○厭於豔反强其兩反注同稅申銳反〔疏〕子曰至窮矣○上明三代親尊有異此經更明三代治民有異之事○未瀆辭者瀆謂褻瀆辭謂言辭夏時爲政之道未褻瀆於言辭君既不尚辭民亦不爲故言未瀆辭夏言未瀆辭則殷瀆辭也○不求備不大望於民者求備謂每事徵求皆令備足大望謂賦稅既重大所責望於民夏代不然故云不求備不大望於民也○民未厭其親者以上不求備不大望於民民無困苦故未厭其上下相親之心也○殷人未瀆禮而求備於民者以殷承夏後雖已褻瀆言辭仍未褻瀆禮言君臣上下於禮事簡畧不褻瀆也殷言未瀆禮則周瀆禮矣○而求備於民者言殷不如夏寬每事求備於民亦大望於民也○周人强民以周承殷後遭紂衰亂風俗頑凶故

周人設教強勸人以禮義亦比夏殷多此一句也○未瀆神者言周治太平之時雖已瀆於禮猶未褻瀆鬼神祭天地宗廟諸神尚有限未褻瀆也則周衰之後而瀆神也○而賞爵刑罰窮矣者以周人貴禮禮尚往來交接故賞爵刑罰之事窮極煩多

子曰虞夏之道寡怨於民殷周之道不勝其敝勝猶任也言殷周極文民無恥而巧利後世之政難復○勝音升注同敝音弊任如金反復音伏

子曰虞夏之質殷周之文至矣言後有王者其作質文不能易之○易音亦

虞夏之文不勝其質殷周之質不勝其文言王者相變質文各有所多○勝世證反又音升

子言之曰後世雖有作者虞帝弗可及也已矣君天下生無私死不厚其子子民如父母有憯怛之愛有忠利之教親而尊安而敬威而愛富而有禮惠而

能散其君子尊仁畏義恥費輕實忠而不犯義而順文而靜寬而有辨死不厚其子言既不傳位又無以豐饒於諸臣也恥費不爲辭費出空言也實謂財貨也辨別也猶寬而棐也靜或爲情○憯七感反怛旦達反費芳貴反注同傳丈專反別彼列反下不別同甫刑曰德威惟威德明惟明非虞帝其孰能如此乎德所威則人皆畏之言服罪也德所明則人皆尊寵之言得人也○曰音越威如字威畏也讀者亦依尚書音畏也〔疏〕子曰至此乎○此一節揔明虞夏商周四代質文之異○虞夏之道寡怨於民以其政寬故寡怨於民言民怨尙少殷周之道不勝其敝者以殷周文煩失在苛碎故其民不堪勝敝敗也不言無怨而言寡怨於民者天地之大猶有所憾如冬寒夏雨民猶怨之如聖人之德無善不包人猶怨之是不備也如舜寡怨於民也○子曰虞夏之質殷周之文至矣者至謂至極也言虞夏爲質殷周爲文並已至極矣縱令後王爲質不能過於虞夏後王爲文亦不能過於殷周是至極矣○虞夏之文不勝其質者言虞夏之時雖有其文但文少而質多故文不

勝於質殷周之質不勝其文者言殷周雖有其質亦質少而
文多故不勝其文然案三正記云文質再而後始則虞質夏
文殷質周文而云虞夏之質殷周之文者夏家雖文比殷家
之文猶質殷家雖質比夏家之質猶文於夏故夏雖有文同
虞之質殷雖有質同周之文○子言之曰後世雖有作者虞
帝不可及也○正義曰以上經論虞夏商周此特明虞帝之
美已矣者言後世之君雖有作其善政者而比於虞帝不可
齊及之也○君天下生無私者明虞帝之德後世雖作不可
及言舜爲天下序爵必以德而不用私也○死不厚其子者
厚謂豐厚既不傳位又不以財物豐厚於其子故云不厚其
子子謂商均也○子民如父母者子謂子愛於民如父母愛其
子也○有憯怛之愛者言愛民之志有悽憯惻怛言舜天性
自仁故憐愛於人有忠利之教者言有忠恕利益之教也○
親而尊者有母之親有父之尊○安而敬者體安而能敬敬
即前威莊而安也○威而愛者有威而又有愛也○富而有
禮者富有四海而不驕是有禮也○惠而能散者施惠得所
爲能散也○其君子尊仁畏義者其君子謂虞朝之臣也君
聖臣賢是由舜而得然也若民有仁者則尊之有義者則畏
之○恥費輕實者費辭費也言而不行謂之辭費也言必履
而行之是恥於辭費也輕實者實財貨也貴人而賤祿是輕

財也○忠而不犯者盡心於君是其忠也無違政教是不犯也○義而順者至極君臣之義而不悖德是義而順也○文而靜者臣皆有文章而又清淨寬而有辨者辨別也臣之儆舜之寬容治政不慢而有分別也○甫刑曰德威惟威德明惟明引之者所以結舜德也下威訓畏下明訓尊言舜之道德欲威懼於人則在下之民惟畏懼之故云德威惟威德明惟明者謂舜以德標明善人惟能得善人惟天下之人皆所以尊重之○非虞帝其孰能如此乎者如上之事不是虞帝其誰人能得如此乎案今尚書之篇以明堯德而云虞帝者言虞帝亦能如是且託者斷章而爲義也

子言之事君先資其言拜自獻其身以成其信資謀也獻猶進也言臣事君必先謀定其言乃後親進爲君言也

是故君有責於其臣臣有死於其言故其受祿不誣其受罪益寡死其言者竭力於其所言之事死而不負於事不信曰誣○誣音無

（疏）子言至益寡○正義曰此一節至辭欲巧廣明君子事君之道又明君子爲行須内外相副今各隨文解之○事君先資其言者言臣欲見君必須先謀度其言言定然

後見也。拜自獻其身者獻進也爲謀既定乃拜見自進其身也以成其信者謂先謀後見成其言之信實。是故君有責於臣臣有死於其言者以其先謀乃可見君故君有責於其臣臣當竭力守節死於其所言也。故其受祿不誣其受罪益寡者以其言善乃受祿是受祿不誣罔也順死其言以竭臣力是受罪益寡少也

子曰事君大言入則望大利小言入則望小利大言可以立大事也小言可以立小事也入爲君受之利祿賞也入或爲人。爲君于僞反故君子不以小言受大祿不以大言受小祿言臣受祿各用其德能也易曰不家食吉此大畜彖辭也彖曰不家食吉養賢也言君有大畜積不與家食之而已必以祿賢者賢有大小祿有多少。畜勑六反下同彖吐亂反

【疏】子曰至食吉。此一節廣事君之道依言大小而受祿。大言入則望大利者入猶受也利祿也大言謂立大事之言進入於君君所受納如此乃望大祿。小言入則望小利者小言謂立小事之言小言進入受於君則唯望小利也。故君子不以小言受大祿不以大言受小祿言臣祿各以其德能相

稱若小言受大祿則臣濫若大言受小祿則君重財而薄德也○易曰不家食吉此大畜卦辭也案易大畜利貞不家食吉利涉大川不家食吉者言君有大畜積不唯與家人食之而已當與賢人食之故得吉此大畜乾下艮上之卦注云自九三至上九有頤象居外是不家食吉而養賢引之者證君有祿而養賢賢有大小故祿亦有多少

子曰事君不下達不尚辭非其人弗自不下達不以私事自通於君也不尚辭不多出浮華之言也弗自不身與相親小雅曰靖共爾位正直是與神之聽之式穀以女靖治也爾女也式用也穀祿也言敬治女位之職事正直之人乃與爲倫友神聽女之所爲用祿與女○共音恭本亦作恭同女音汝注同

疏 子曰至以女○此一節廣明臣之事君當以正直之道不下達者不以在下細碎小事通達於君○不尚辭者不貴尚浮華之言辭非其人弗自者非其好人不身自與之相親○小雅曰靖共爾位正直是與○此詩小雅小明之篇刺幽王之詩大夫悔仕亂世戒其未仕者云靖共爾位靖謀也共具也言明君靖謀具爾之爵位有正直之德者於是與也○神之聽之式穀以女者式用也穀

善也以用也言神明聽聆女德君若用其善人則當用女也詩之本文如此今記者斷章取義證明非善人不得與之相親靖治也爾女也言爲女之道治理恭敬女之職位若見正直善人於是與之爲朋友如此則神明聽聆女之所爲穀祿也用此福祿以與女也

子曰事君遠而諫則讇也近而不諫則尸利也。尸謂不知人事無辭讓也讇本亦作諂敕撿反

子曰邇臣守和宰正百官大臣慮四方邇近也和謂調和君事者也齊景公曰唯據與我和宰冢宰也冢宰主治百官

子曰事君欲諫不欲陳陳謂言其過於外也詩云心乎愛矣瑕不謂矣中心藏之何日忘之瑕之言胡也謂猶告也。藏如字鄭解詩作藏云善也

疏 子曰至忘之。此一節明臣事君諫諍之道遠而諫則讇也者若與君疏遠強欲諫諍則是讇佞之人望欲自達也。近而不諫則尸利也者若親近於君而不諫則似如尸之受利祿也祭祀之尸無言辭而受享祭時猶似近臣不諫不知人事無辭讓之心如尸之受利然也。子曰邇臣守和者邇近也

和謂調和言親近之臣獻可替否毗輔贊助於君守其調和之事也○宰正百官者宰謂冢宰正治百官○大臣慮四方者○謂二伯州牧之等謀慮四方此大臣亦兼冢宰但冢宰居於中故言正百官耳○詩云心乎愛矣瑕不謂矣此小雅隰桑之篇刺幽王之詩君子在野詩人念之云心乎愛此君子矣瑕遠也謂勤也言念此君子遠離此不勤乎言近於勤矣終當念之○中心藏之何日忘之者藏善也言中心善此君子何日忘此君子矣詩之本文如此今記人所引此云心乎愛此君子矣瑕之言胡胡何也謂猶告也言何不以事告諫於君矣中心藏之與詩文同王肅以爲藏善鄭亦然也皇氏以爲人臣中心包藏君惡不欲嚮人陳之非其義也凡諫者若常諫之時天子諍臣七人諸侯五人大夫三人唯大臣得諫若歲初則貴賤皆得諫也故襄十四年左傳師曠對晉侯云自王以下各有父兄子弟以補察其政史爲書瞽爲詩工誦箴諫大夫規誨士傳言庶人謗商旅于市百工獻藝國語又云天子聽政公卿至於列士獻詩瞽獻曲史獻書師箴瞍賦矇誦百工諫庶人傳語近臣盡規此皆孟春之月上下皆諫故傳引夏書曰每歲孟春遒人以木鐸徇於路是也

子曰事君難進而易退則位有序易進而難

退則亂也亂謂賢否不別○易以豉反下及注易絶同故君子三揖而進一辭而退以遠亂也進難者爲主人之擇已也退速者爲君子之倦也○遠于萬反爲主人于僞反下同子曰事君三違而不出竟則利祿也人雖曰不要吾弗信也違猶去也利祿言爲貪祿留也臣以道去君至於三而不遂去是貪祿必以其強與君要也○竟音境要於遥反注同言爲于僞反強其良反舊其兩反子曰事君慎始而敬終輕交易絶君子所恥子曰事君可貴可賤可富可貧可生可殺而不可使爲亂亂謂違廢事君之禮

〔疏〕子曰至爲亂○此明臣事君亦當使賢與不賢分別之事○難進謂君擇已易退謂君厭已○則位有序者謂賢愚別也○則亂者謂賢愚不別也○子曰事君慎始而敬終者慎謂謹慎以盡忠是慎始也終謂終竟擇善爲朋友○子曰事君可貴可賤者言事君可使之貴可使之賤可使之富可使之貧可使之生可使之死但不可使爲亂也亂

謂廢事君之禮也熊氏以爲可殺者謂臣可殺君引春秋殺君稱君君無道此非辭也

子曰事君軍旅不辟難朝廷不辭賤言尚忠且謙也○辟音避難乃旦反朝直遥反處其位而不履其事則亂也履猶行也故君使其臣得志則慎慮而從之否則孰慮而從之終事而退臣之厚也使謂使之聘問師役之屬也慎慮而從之者此已志也欲其必有成也否謂非已志也孰慮而從之又計於已利害也終事而退非已志者事成則去也事或爲身○慎字本亦作古昚字易曰不事王侯高尚其事言臣致仕而去不復事君也君猶高尚其所爲之事言尊大其成功也○復扶又反

【疏】子曰至其事○此廣明爲臣事君之禮○軍旅不辟難者謂使之在軍旅之中不辟危亡之難也○朝廷不辭賤者謂在朝廷之中不得辭其卑賤之所也○處其位而不履其事則亂也履行也謂臣處其位而不行其事則近亂也○故君使其臣得志則慎慮而從之者既必無辟故有此以下事也使之謂聘問師

役之事得志謂君使臣當已才雖當已才猶宜謹慎思慮從君之命而行之必使成功也○否則孰慮而從之者否謂君所使之事非已本才也雖非已本才而君命無擇則彌孰思慮而從行之○終事而退者終事謂事畢也既本非已才而幸得終竟竟即辭而退也○臣之厚也者得志及不得志並從而無違是臣行之篤厚也○易曰不事王侯高尚其事者此易蠱卦上九爻辭案易蠱卦巽下艮上上九艮爻艮為山長在戌得乾氣父老之象是臣之致事也故不事王侯是不得事君君猶高尚其所為之事引之者證臣之事君終事而退是臣之厚重也○注使謂至去也○正義曰知使謂聘問師役者以經云慎慮而從之又云孰慮而從之謂隨從其事故知出使在外也云慎慮而從之者此已志也欲其必有成也者所以謹慎思慮而從就此事者是已之思慮所及欲其必有成功故須慎慮也云否謂非已志也孰慮而從之又計於已利害也者謂此事非本已志當孰須思慮計謀此事於我已身利之與害若於已為利當勤力為之若於已害亦須為之不得辭也云終事而退非已志者事成則去也者若元是已志其事雖成猶須為之不可即退若此事元非已志為君暫使已事成之後則當退也

子曰唯天子受命于天士受命于

君言皆有所受不敢專也唯當爲雖字之誤也○唯天子唯音雖出注故君命順則臣有順命君命逆則臣有逆命言臣受順則行順受逆則行逆如其所受於君則爲君不易矣○易以豉反詩曰鵲之姜姜鶉之賁賁人之無良我以爲君姜姜賁賁爭鬭惡貌也良善也言我以惡人爲君亦使我惡如大鳥姜姜於上小鳥賁賁於下○鵲字林作鵲說文作䧿音七畧反姜居良反鶉士倫反賁音奔注同

〔疏〕子曰至爲君○此節明臣事君不敢專輒又明君之出命不可不慎爲與上更端故言子曰○唯天子受命於天者唯當爲雖雖天子之尊不敢自專猶須受命於天然後行也○詩曰鵲之姜姜者此詩鄘風鶉之奔奔篇刺宣姜之詩其詩之意以宣姜通於公子頑毋與子淫鶉鵲之不若故刺之云鵲自匹偶姜姜然鶉自匹偶賁賁然各當有匹今宣姜與公子頑私通不如鶉鵲也○人之無良我以爲君者人謂宣姜無良善之行我君惠公反以此爲小君此經引詩斷章言君有逆命似大鳥姜姜爭鬭於上小鳥賁賁亦爭鬭於下謂君無良善我等萬民以惡人爲君也

子曰君子不以

辭盡人不見人之言語則以爲善言其餘行或時惡也○行下孟反下文并注同故天下有道則行有枝葉天下無道則辭有枝葉行有枝葉所以益德也言有枝葉是衆虛華也枝葉依幹而生言行亦由禮出是故君子於有喪者之側不能賻焉則不問其所費於有病者之側不能饋焉則不問其所欲有客不能館則不問其所舍皆辟有言而無其實○賻音附費芳貴反饋其位反辟音避故君子之接如水小人之接如醴君子淡以成小人甘以壞水相得合而已酒醴相得則敗淡無酸酢少味也接或爲交○醴徐音禮淡大敢反又大暫反徐徒闞反注同酸悉官反酢七故反小雅曰盜言孔甘亂是用餤盜賊也孔甚也餤進也○餤音談徐本作監以占反〔疏〕子曰至用餤○前明事君之道此明君子之行不可

虛用其辭以事殊於上故言子曰○君子不以辭盡人者皆君子與人之交必須驗行不得以其言辭之善則謂行之盡善或發言善而行惡也○故天下有道則行有枝葉者言有道之世則依禮所行外餘有美好猶如樹幹之外更有枝葉也○天下無道則辭有枝葉者無道之世人皆無禮行不誠實但言辭虛美如樹幹之外而更有枝葉也○是故君子於有喪者之側不能賻焉則不問其所費者此經皆有言無實戒其不得虛言也○君子之接如水者言君子相接不用虛言如兩水相交尋合而已○小人之接如醴者小人以虛辭相飾如似兩醴相合必致敗壞○君子淡以成小人甘以壞者水相合爲江河酒醴相合而久乃敗壞也○小雅曰盜言孔甘亂是用餤者此巧言之篇刺幽王之詩孔甚也餤進也言盜賊小人其言甚美幽王信之禍亂用是進益引之者證小人甘以壞

子曰君子不以口譽人則民作忠譽繩也○譽音餘注同繩市升反左傳以繩爲譽○故君子問人之寒則衣之問人之飢則食之稱人之美則爵之皆爲有言不可以無實○衣於既反食音嗣爲于僞反國風曰心之憂矣

於我歸說欲歸其所說忠信之人也○說音悅又始銳反注同〔疏〕子曰至歸說所以前經君子不用虛言故此經明言當以實其事稍殊故言子曰○注譽繩也○正義曰言繩可以度量於物凡口譽於人先須忖度亦量之於心故以譽爲繩也案莊十四年左傳云蔡侯繩息嬀以語楚子杜注云繩譽也繩既訓爲譽譽亦訓繩鄭注以爲此解○國風曰心之憂矣於我歸說者此曹風蜉蝣之篇刺曹君之詩言曹君好絜其衣服不修政事國將滅亡故賢臣之心憂矣說舍也國既滅亡於我之身何所歸舍此則引詩斷章故義不與詩相當言虛華之人心憂矣我今歸此所說忠信之人引之者證疾其虛言也

子曰口惠而實不至怨菑及其身善言而無信人所惡也○菑音災惡烏路反是故君子與其有諾責也寧有已怨已謂不許也言諾而不與其怨大於不許○已音以國風曰言笑晏晏信誓旦旦不思其反反是不思亦已焉哉此皆相與爲昏禮而不終也言始合會言笑和說要誓甚信今不思其本恩之反覆反覆之不思亦已焉

哉無如此人何怨之深也○晏於諫反信誓本亦作矢誓[疏]且如字字林作思亦巳音以說音悅覆反覆並芳服反子曰至焉哉○正義曰前經明其言當實此明言若不實則怨及身口惠而實不至者言口施恩惠於人而實行不至人則怨之故言怨菑及其身也○是故君子與其有諾責也者諾謂許人之物責謂許而不與而被責若其有物許人不與被責也○寧有已怨者已謂休已寧可有發初休已不許而被怨許而不與其責大發初不與其責小○國風曰言笑晏晏信誓旦旦者衛風氓之篇也婦人被男子所誘在後色衰見棄追恨男子云初時與我言笑晏晏然和悅也信其言誓旦旦然相思懇誠也○不思其反者謂今男子不思念其本恩之反覆是男子不思之事如此則無如之何亦已焉哉言恨之甚也引者證許而不與被人所怨也

子曰君子不以色親人情疏而貌親在小人則穿窬之盜也與子曰情欲信辭欲巧

巧謂順而說也○穿音川窬羊朱反徐音豆與音餘說音悅

[疏]子曰至欲巧○此明更申以情行相副故稱子曰○君子不以色親人者謂不以虛僞善色詐親於人也○在小人則穿窬之盜也與言

情疏貌親而心不愨實恒畏於人譬之於細小人則穿窬之盜也許慎說文云穿窬者外貌爲好而内懷姦盜似此情疏貌親之人外内乖異故云穿窬之盜也與○子曰情欲信辭欲巧者既稱情疏而貌親故更明情貌信實所以重言之也○辭欲巧者言君子情貌欲得信實言辭欲得和順美巧不違逆於理與巧言令色者異也

子言之昔三代明王皆事天地之神明無非卜筮之用不敢以其私褻事上帝言動任卜筮也神明謂羣神也是故不犯日月不違卜筮日月謂冬夏至正月及四時也所不違者日與牲尸也○夏戶嫁反卜筮不相襲也襲因也大事則卜小事則筮大事有時日大事有事於大神有常時常日也小事無時日有筮有事於小神無常時常日有筮臨有事筮之外事用剛日内事用柔日順陰陽也陽爲外陰爲内事之外内别乎四郊○别彼列反不違龜筮子曰牲牷禮樂齊盛是

以無害乎鬼神無怨乎百姓牲猶純也○牲音全純色也本亦作全注同齊音棌〔疏〕子言至百姓○正義曰此以下至於篇末摠本亦作齏明卜筮之用各隨文解之○昔三代明王者謂夏殷周○皆事天地之神明者謂祭事天地及諸神明也無非卜筮之用者言皆須卜筮唯九月大享帝於明堂不用卜也故曲禮下篇云大饗不問卜鄭云莫適卜也以其摠饗五帝不知主何帝而卜之故不問卜矣所以必須卜者不敢以其私褻奉事上帝故皆卜之也○子曰牲牷禮樂齊盛是以無害乎鬼神無怨乎百姓者以其事上帝神明不敢自專皆依卜筮動合於禮故夫子摠更結之牲牷之等禮樂之傳棌盛之實皆不違龜筮是以此等所用無虧害於鬼神無見怨於百姓以其無非卜筮之用動順於禮故也○注日月至尸也○正義曰冬至謂祭圜丘夏至謂祭方澤正月謂祭感生之帝及四時迎氣用四時之吉日也知冬夏及四時皆卜者案大宰云祀五帝帥執事而卜日鄭注云五帝謂四郊及明堂是四郊有卜也大宰又云祀大神祭大示亦如之大神則冬至祭圜丘大示則夏至祭方澤案公羊穀梁魯郊傳云卜三正則知天子郊用夏正亦卜之故知冬夏至正月及四時皆卜日也然明堂不問卜而注大宰祀五帝卜日云四郊及

明堂者廣解五帝所在其實祀明堂不卜也案周禮祀宗廟亦卜日注不言宗廟者以經云事上帝故唯解祭天之時云不違者日與牲尸者案僖三十一年左傳云禮不卜常祀而卜其牲日是有其牲日也案特牲少牢云大夫士筮尸則天子諸侯有卜尸也。注大事則卜小事則筮。正義曰此解經卜筮不相襲之事既大事卜小事筮是二者不相因襲也此大事謂征伐出師及巡守也其實是中事對小事爲大耳小事則筮者若周禮簭人有九簭筮更筮咸之屬是也此與曲禮文同而注異者各隨文勢也。注大事有事於大神有常時常日也。正義曰既有常時常日而用卜者亦不敢專也故曲禮篇云日而行事則必踐之又祭統云雖有明知之心必進斷其志是雖有常日猶用卜也。注有事於小神無常時常日有筮臨有事筮之。正義曰此經皆論祭祀之事故解小事云有小事於小神其實周禮小事非唯小祀而已既云小事用筮而大卜云凡小事涖卜者彼謂大事中之小事非此之小事也。注事之外內別乎四郊。正義曰先師以爲祭天而用辛雖外用柔日祭社用甲雖內用剛日殊別於四郊之祭。言用剛柔之日不可與四郊同其餘他事今謂事之外內別乎四郊者謂四郊之外爲外事若甲午祠兵吉日庚午既差我馬之屬是也四郊之內爲內事若郊之用辛及宗廟少牢用丁亥之屬是也故言別於四郊外内別用限別以四郊爲限　子曰后稷之祀易富也其辭恭其欲儉其祿及子孫富之言備也以傳世之祿恭儉者之祭易備也。易以豉反注同傳丈專反下同共音恭　詩曰后稷兆祀庶無罪悔以迄于今兆四郊之祭處也迄至也言祀后稷於郊以配天庶幾其無罪悔乎福祿傳世乃至於今。迄許訖反處昌慮反下建國之處同

【疏】子曰至于今。以前經明不違卜筮動合神明故此經明后稷祭祀福流後世以證成其義。后稷之事易富也者富備也后稷乃帝嚳之子世有祿位后稷又祭祀恭儉以世祿之饒供儉薄之祭故易豐備也。其祿及子孫者以后稷祭祀其辭恭敬其欲節儉神之降福故祿及子孫。詩曰后稷兆祀者是大雅生民之篇美成王尊祖配天所以尊后稷配天者以后稷生存之時於四郊之兆域祭祀於天而事皆合禮庶幾無罪過悔恨故迄至於今文武之時而王有天下

子曰大人之器威敬言其用之尊嚴　天子無筮謂征伐出師若巡守也天子至尊大率皆用卜也春秋傳曰先王卜征五年歲

襲其祥。守手又反諸侯有守筮守筮守國之筮國有事則用之天子道以筮始將出卜之道有小事則用筮諸侯非其國不以筮卜宅寢室入他國則不筮不敢問吉凶於人之國也諸侯受封乎天子因國而國唯宮室欲改易者得卜之耳天子不卜處大廟卜可建國之處吉則宮廟吉可知。大音泰子曰君子敬則用祭器謂朝聘待賓客崇敬不敢用燕器也。朝直遥反是以不廢日月不違龜筮以敬事其君長用龜筮問所貢獻也。長丁丈反是以上不瀆於民下不褻於上言上之於下以直則下應之以正不褻慢也。應應對之應慢字又作僈武諫反

〔疏〕子曰至於上。以上經明在國內事上帝神明及國內諸事無非卜筮之用此一節更明天子諸侯用卜筮有出行之義。大人之器威敬者大人謂天子所主之器當威嚴敬重不可私褻於小事雜用也饗時則用燕則不用也。天子無筮天子既尊重於征伐出師若巡守之大事皆用卜無用筮也。諸侯

有守筮者諸侯甲於天子有守國之筮謂在國居守有事而用筮。天子道以筮者天子在國既皆用卜若出行於道路之上臨時有小事之時則唯用筮也。諸侯非其國不以筮者諸侯降於天子若出行於外非其國境不用筮也以其不敢問吉凶於人之國筮尚不用卜不用可知也卜宅寢室者謂諸侯既受天子所封不敢卜其所建之國以否但建國已後宅及寢室須欲改易者得卜之故曰卜宅寢室。天子不卜處大廟者以建國之時揔卜其吉不待更卜處大廟所在以其吉可知。子曰君子敬則用祭器者猶事稍異於上故更稱子曰敬則用祭器者言慎重其大事心有恭敬則用祭器言慎重其事也。是以不廢日月者揔明朝聘之時依其日月。不違龜筮者謂貢獻之物必先卜筮而來。以敬事其君長者所以朝聘之時必須如此者以恭敬事其君長不敢褻瀆故也君謂天子言長者兼諸侯相朝小國之於大國也。是以上不瀆於民其上爲此相敬不褻瀆於民言以直道接民。○下不褻於上者謂以正事上不褻慢也。注謂征至其祥。○正義曰知征伐出師及巡守者以前云外事用剛日內事用柔日據在國諸事今此云無筮又云天子道以筮又云諸侯非其國不以筮皆據將欲出行及在道之事故知此節以下不與上同是將出行下云天子道以筮此云無筮是未在道也故知征伐出師若巡守欲發時也云天子至尊大事皆用卜也者謂不徒用筮而已兼用卜也此云無筮無徒筮耳不謂全無筮也簭人云國之大事先簭而後卜出師巡守皆大事者也所引春秋傳者襄十三年左傳文案襄十一年鄭先屬於楚今楚弱鄭又被晉收屬於晉鄭使良霄石㚟告絕於楚楚人執之故謂楚人云先王卜征五年謂將欲巡守預先五年每歲卜之云歲襲其祥者襲重也謂歲歲恒吉重其吉祥而後始行若不吉則更增脩其德欲令楚脩德引者證巡守須卜也。注守筮守國之筮。正義曰此諸侯守國筮者非寢室改易之屬則唯用筮也若寢室亦用卜故下云卜宅寢室然此節皆明將行及出國之義而云守筮及卜宅寢室及不卜處大廟皆言國史之事者此舉國中以明在外外內相明也。注諸侯受封乎天子因國而國。正義曰此諸侯初受封之時不卜者以天子因先王舊國而今封諸侯不須卜也若天子初建國則卜之故下注云卜可建國之處是不因先王舊國也。注謂朝待若賓客崇敬不敢用燕器也。正義曰但此章據出行朝聘之事故以朝聘解之則上文非其國不以筮是出外行也其實昏冠亦不用燕器也用祭器也故左傳稱魯襄公冠季武子云君冠必以祼享之禮行之以金石之樂節之是用祭器也。注用龜筮問所貢

獻也。正義曰鄭以天子無筮以下論出行在外之事故解此不違龜筮謂所問貢獻之物也前章云不違龜筮謂在國所卜諸事也

附釋音禮記注疏卷第五十四

江西南昌府學栞

禮記注疏卷五十四挍勘記　阮元撰盧宣旬摘錄

表記第三十二

子言之歸乎節

子言至而信　惠棟挍宋本無此五字

皇氏云皆是發端起義　閩監本同毛本皆誤若

子曰君子不失足於人節

而無有可擇去之言在於躬也　閩監毛本同考文引宋板也作身

子曰裼襲之不相因也節　惠棟云子曰裼襲節宋本分祭極敬以下另爲一節

禮盛者以襲爲敬　閩監本岳本嘉靖本衞氏集說同考文引宋板同毛本禮誤不

子曰至以倦　惠棟挍宋本無此五字

引之者證明此經不可繼之以樂之事也惠棟按宋本如此此本證明此經不五字闕閩監毛本明此經誤祭極敬

子曰君子慎以辟禍節

子曰至遠恥惠棟按宋本無此五字

篤厚也擗謂困迫也惠棟按宋本作謂閩監毛本謂作被此本闕

言恭以遠恥者閩監毛本同惠棟按宋本無言字

子曰君子莊敬日强節惠棟按云子曰君子節宋本分子曰狎侮以下爲一節

肆猶放恣也惠棟按宋本如此岳本嘉靖本毛本衞氏集説並同此本肆猶放恣四字誤閩監本四字闕

子曰至畏也惠棟按宋本無此五字

注擇日月以見君謂臣在邑竟者惠棟挍宋本作注擇日至竟者

或擇日出使在外惠棟挍宋本同閩本同監本在誤有毛本在作於

子曰無辭不相接也節

瀆之言褻也閩監毛本同衛氏集說同岳本嘉靖本也作之考文引宋板足利本同古本也上有之字

子曰至不告惠棟挍宋本無此五字

此易蒙卦辭○惠棟挍宋本○作也此本也誤○閩監本同毛本也字脫

言童蒙初來問師師則告之惠棟挍宋本如此此本上師字闕閩監毛本上師誤者

子言之仁者天下之表也節

無言不讎各本同石經同毛本讎作讐

利仁強仁　閩監本岳本嘉靖本衛氏集說同毛本利字闕

此其言舍之何人也　閩監毛本岳本嘉靖本同考文引古本也上有之字足利本人作仁惠棟按云何休公羊作仁之也與康成所引不同盧文弨按云足利古本作仁之也與本書合

道有至義有考　各本並如此陳澔集說義上有有字考文引古本足利本同蓋依注讀增

有義有攷　閩監毛本同岳本攷作考惠棟按宋本宋監本嘉靖本考文引古本足利本同下有攷攷成並同

子曰至無失　惠棟按宋本無此五字

其事一種　惠棟按宋本作其事此本其事二字闕閩監毛本其事作各有衛氏集說亦作各有一種

非關利害而安仁也　惠棟按宋本作也此本也字闕閩監毛本也誤道

望免離於罪　惠棟按宋本作望此本望字闕閩監毛本望作求

右手是用之便也惠棟按宋本作是此本是字闕閩監毛本是作使

然可履蹈閩監毛本同浦鏜按云然下當脫後字

仁謂施以人恩閩監毛本同惠棟按宋本人作仁

傳稱諸侯春秋執大夫閩監毛本同齊召南按云當云傳稱春秋諸侯執大夫各本誤倒諸侯二字在春秋上

是唯義與道惠棟按宋本與作爲閩監毛本同

子言之仁有數節

武王烝哉閩監毛本石經岳本嘉靖本衞氏集說同坊本此四字脫石經考文提要云宋大字本宋本九經南宋巾箱本余仁仲本劉叔剛本並有此句

子言至仁也惠棟按宋本無此五字

唯在我當身之主　閩監毛本同惠棟挍宋本主作上

言傳其所順天下之謀　閩監本同毛本所順天下作天下所順

子曰仁之爲器重節

取數多　閩監毛本岳本嘉靖本同惠棟挍宋本多下有者字衞氏集說同考文引古本同

言以先王成法儗度人　惠棟挍宋本作度岳本同衞氏集說同考文引古本足利本同此本度誤庶嘉靖本閩監毛本同釋文出儗度宋本儗作擬是也

謂古賢聖也　惠棟挍宋本岳本嘉靖本衞氏集說同考文引古本足利本同閩監毛本賢聖二字倒

雖有過不爲甚矣　嘉靖本閩監毛本同衞氏集說同惠棟挍宋本無爲字宋監本岳本同考文引足利本同

詩云溫溫恭人　惠棟挍宋本作云宋監本石經岳本嘉靖本衞氏集說同此本云誤曰閩監毛本同石經

考文提要云宋大字本宋本九經南宋巾箱本余仁仲本並作詩云

言能成人道者少也閩監毛本同岳本同衞氏集說同惠棟挍宋本嘉靖本考文引古本足利本人作仁

移讀如禾汜移之移惠棟挍宋本作禾岳本宋監本考文引古本足利本同此本禾誤水閩監毛本嘉靖本並同按困學紀聞引亦作禾汜移與麥秀蔪對舉

惟鵜在梁石經岳本嘉靖本衞氏集說同考文引古本足利本同閩監毛本惟作維釋文出惟鵜

彼記之子閩本毛本石經惠棟挍宋本宋監本岳本嘉靖本同衞氏集說同監本記作其詩考列之詩異字異義中釋文出彼記云本又作己石經考文提要云宋大字本宋本九經南宋巾箱本余仁仲本劉叔剛本並作彼記

鵜鵜胡閩監毛本岳本嘉靖本衞氏集說同惠棟挍宋本胡作鶘

子曰至其服惠棟挍宋本無此五字

言幽王若能脩德如高山閩監本同毛本如高誤有仲衛氏集說亦作脩德如高山

恭近於禮惠棟挍宋本上有故字此本脫閩監毛本同衛氏集說作故恭近禮

記是語辭閩本同衛氏集說監毛本記並作其

子言之君子之所謂義者節

故諸侯勤以輔事於天子各本同毛本諸譌者

不爲回邪之行要之閩監毛本同岳本嘉靖本要上有以字衛氏集說同惠棟挍宋本宋監本考文引古本足利本同

言述行上帝德惠棟挍宋本有之字宋監本岳本嘉靖本衛氏集說同此本之字脫閩監毛本同

使聲譽可得而尊言也惠棟挍宋本宋監本岳本嘉靖本衛氏集說同考文引古本足利本同閩監毛本言作信

卽以其行一大善者爲謚耳閩監毛本岳本嘉靖本同考文引古本足利本卽作節衛氏集說惠棟挍宋本宋監本並同

行過不復循行猶不二過閩監毛本同惠棟挍宋本行過作過行二作貳衛氏集說同考文引古本同岳本亦作過行嘉靖本足利本同宋監本二亦作貳

云自便習於此事之人耳閩監毛本嘉靖本同惠棟挍宋本自作吾宋監本岳本衛氏集說同

子言至便人惠棟挍宋本無此五字

言以此求施爲仁道也閩監毛本同惠棟挍宋本爲下有於字

以昭明道德尊事上帝閩本同惠棟挍宋本同監毛二本尊誤厚

過失卽改以求處其厚也閩監毛本同考文云宋板以上有是字

壹讀爲一惡猶善也言聲譽雖有至踰行所恥惠棟按宋本作

壹讀至所恥

言物在水上稱浮如浮雲閩監本同毛本稱作輕

故此經名后稷閩監毛本同惠棟按宋本名作明衞氏集說亦作明后稷

不自謂已之仁聖也惠棟按宋本此下標禮記正義卷第六十一終記云凡三十一頁

子言之君子之所謂仁者節惠棟按云子言之節今父之親子節宋本合爲一節○惠棟按宋本自此節起至子曰政之不行也節止爲第六十二卷卷首題禮記正義卷第六十二

凱弟君子各本同石經同考文引古本凱弟作愷悌下放此按釋文出凱云本亦作愷出弟云本又作悌

子言至此乎惠棟按宋本無此五字

子曰夏道尊命節

惷而愚 監本作惷石經同岳本同衞氏集說同此本惷誤惷嘉靖本閩毛本同釋文出惷而音傷容反疏放此

子曰至不文 惠棟挍宋本無此五字

爾雅訓云蒦謑忘也 閩監毛本同孫志祖挍云此爾雅釋訓文訓上當有釋字

殷人尊神節

凡以摯交接相施予 閩監毛本岳本嘉靖本同釋文摯作贄考文引古本同

殷人至無恥 惠棟挍宋本無此五字

罰以秋冬 閩監毛本同惠棟挍宋本罰作刑與左傳合

注云先鬼而後禮 閩監毛本同惠棟挍宋本無云字

子曰夏道未瀆辭節

周人强民 閩監毛本石經岳本嘉靖本衞氏集說同釋文出强民云注同山井鼎云宋板强作彊注及疏同

子曰至窮矣惠棟挍宋本無此五字

尙有限未褻瀆也閩監毛本同惠棟挍宋本限上有時字

子曰虞夏之道節惠棟挍云子曰虞夏節宋本分子言之曰後世以下另爲一節

恥費輕實閩監本石經岳本嘉靖本衞氏集說同考文引宋板同毛本輕誤强

子曰至此乎惠棟挍宋本無此五字

文質再而復始閩監毛本同山井鼎云宋本再作載

比殷家之文猶質閩本同惠棟挍宋本同監毛本家誤周

此特明虞帝之美閩本同惠棟挍宋本同監毛本特誤時衞氏集說亦作特

臣之傚舜之寬容閩監毛本同惠棟挍宋本臣之作臣下

子曰事君大言入節

入爲君受之 閩監毛本岳本嘉靖本同惠棟按宋本爲作謂宋監本衞氏集說同考文引古本足利本同釋文出爲君

子曰至食吉 惠棟按宋本無此五字

此一節廣明事君之道 閩監毛本同惠棟按宋本廣下有明字衞氏集說同

子曰事君不下達節

靖共爾位 閩監本石經岳本嘉靖本衞氏集說同毛本共作恭釋文出靖共云本亦作恭

子曰至以女 惠棟按宋本無此五字

言爲女之道 閩監毛本同惠棟按宋本女作臣

子曰事君遠而諫節

子曰至忘之 惠棟按宋本無此五字

瞽獻曲 惠棟挍宋本同閩監毛本曲誤典浦鏜挍云典當作曲國語韋昭注云公以下至士各獻諷諫之詩瞽陳樂曲獻之於王見左傳襄十四年䟽

子曰事君難進而易退節

事君慎始而敬終 閩監本石經岳本嘉靖本衛氏集說同考文引宋板同毛本終誤忠䟽放此

子曰至爲亂 惠棟挍宋本無此五字

子曰事君軍旅不辟難節

慎慮而從之者此已志也 閩監毛本岳本嘉靖本衛氏集說同山井鼎云古本者作有宋板同非

子曰至其事 惠棟挍宋本無此五字

子曰君子不以辭盡人節

則不問其所費閩監毛本岳本嘉靖本衛氏集説同釋文出所費石經問其所三字剜刻無所字

子曰至用餤惠棟挍宋本無此五字

如似兩醴相合惠棟挍宋本同閩監毛本兩作酒

子曰君子不以口譽人節

稱人之美則爵之閩監毛本石經岳本嘉靖本衛氏集説同坊本美作善石經考文提要云宋大字本宋本九經南宋巾箱本余仁仲本劉叔剛本並作美

子曰至歸説〇所以前經君子不用虛言惠棟挍宋本無子曰至歸説〇所七字

子曰口惠而實不至節

今不思其本恩之反覆閩毛本同岳本嘉靖本同衛氏集説恩誤思監本本恩誤不思疏放

此

子曰至焉哉惠棟按宋本無此五字

子言之昔三代明王節

子言至百姓惠棟按宋本無此五字

謂祭事天地及諸神明也閩監本同毛本事誤祀地誤帝

是有其牲日也閩監毛本同考文引宋板其作卜衞氏集說亦作是卜牲日也

言用剛柔之日閩監毛本同考文引宋板言上有以字續通解同

外内别用限别以四郊爲限閩監毛本同考文引宋板用作謂

子曰后稷之祀易富也節

后稷之祀易富也閩監本石經岳本嘉靖本衞氏集說同毛本祀誤事疏並同

恭儉者之祭易備也閩監毛本嘉靖本同惠棟挍宋本恭作共岳本同衞氏集說同考文引古本足利本同釋文出共儉云音恭

子曰至于今惠棟挍宋本無此五字

子曰大人之器威敬節

以上經明在國內事上帝神明閩毛本同監本經明二字倒

出師巡守皆大事者也閩監毛本同惠棟挍宋本無者字

預先五年閩監毛本同惠棟挍宋本先作前

謂在國所卜諸事也閩本同惠棟挍宋本同監本也字闕毛本諸事誤之處

禮記注疏卷五十四挍勘記

附釋音禮記注疏卷第五十五

禮記　鄭氏注　孔穎達疏

緇衣第三十三○陸曰鄭云善其好賢者之厚故述其所稱之詩以爲其名也緇衣鄭詩美武公也劉瓛云公孫尼子所作也【疏】正義曰案鄭目録云名曰緇衣者善其好賢者厚也緇衣鄭詩也其詩曰緇衣之宜兮敝予又改爲兮適子之館兮還予授子之粲兮粲餐也設餐以授之愛之欲飲食之言緇衣之賢者居朝廷宜其服也我欲就爲改制其衣反欲與之新衣厚之而無已此於别録屬通論

子言之曰爲上易事也爲下易知也則刑不煩矣言君不苛虐臣無姦心則刑可以措○子言之曰此篇二十四章唯此一子言之後皆作子曰易以豉反下同苛音何錯七故反本亦作措同【疏】子言至煩矣○正義曰此篇凡二十四章唯此云子言之曰餘二十三章皆云子曰以篇首宜異故也○爲上易事者爲上謂君君上以正理御物則臣事之易也○爲下易知也者爲下謂臣臣

下無姦詐則君知其情易也○則刑不煩矣者君易事臣易知故刑辟息止不煩動矣然此篇題緇衣而入文不先云緇衣者欲見君明臣賢如此後乃可服緇衣也○**子曰好賢如緇衣惡惡如巷伯則爵不瀆而民作愿刑不試而民咸服**緇衣巷伯皆詩篇名也緇衣首章曰緇衣之宜兮敝予又改爲兮適子之館兮還予授子之粲兮言此衣緇衣者賢者也宜長爲國君其衣敝我願改制授之以新衣是其好賢欲其貴之甚也巷伯六章曰取彼讒人投畀豺虎豺虎不食投畀有北有北不受投畀有昊此其惡惡欲其死亡之甚也爵不瀆者不輕爵人也試用也咸皆也○好呼報反注同緇側其反惡惡上烏路反下如字注同巷戶降反巷伯小雅篇名愿音願還音旋粲七旦反衣緇衣上於既反下如字讒人本又依詩作譖人投畀必利反下同豺仕皆反昊胡老反本或作皓同○**大雅曰儀刑文王萬國作孚**刑法也孚信也儀法文王之德而行之則天下無不爲信者也文王爲政克明德慎罰○

〔疏〕子曰至作孚○正義曰此一節明好賢惡惡賞罰得中則爲民下所信○好賢如緇衣者緇衣朝服也諸侯視

朝之服緇衣素裳鄭武公桓公父子並爲周司徒善於其職鄭人善之願君久留鄭國服此緇衣衣服敗破則又作新衣以授之故以歌此詩是好賢之詩也詩人以緇衣爲鄭風之首故云好賢如緇衣也○惡惡如巷伯者巷伯亦詩篇名也巷伯是奄人爲王后宮巷官之長故爲巷伯也幽王信讒寺人傷讒而懼讒及已故作詩以疾讒也其詩云取彼讒人投畀豺虎豺虎不食投畀有北有北不受投畀有昊是惡讒人之甚故云惡惡如巷伯也○則爵不瀆而民作愿者此解好賢也瀆濫也愿慤也君若好賢如緇衣則爵不濫而民皆謹慤也○刑不試而民咸服者此解惡惡也試用也言君惡惡如巷伯則刑措而不用民皆服從○大雅云儀刑文王萬國作孚者此大雅文王之篇諫成王之辭儀象也刑法也孚信也言成王但象法文王之德而行之則天下萬國無不爲信也言皆信敬之故云萬國作孚猶文王明德愼罰爲民所敬信引之者證上爵不瀆刑不試也○注緇衣至甚也○正義曰緇衣者詩鄭風美鄭桓公武公詩也巷伯刺幽王之詩也故云皆詩篇名云緇衣之宜兮者言桓公武公並皆有德堪爲國君國人願之言德宜著此緇衣破敝我又欲改更爲新衣云適子之館兮者鄭人云桓公武公既爲卿士適子之館舍兮謂嚮鄉士治事館舍云還予授子之粲兮者從館舍迴

還來嚮本國我即授子以粲餐兮也鄭人愛桓公武公之甚矣是好賢也緇衣者諸侯朝服故論語云緇衣羔裘注云諸侯之朝服其服緇布衣而素裳緇帶素韠故士冠禮云主人玄冠朝服緇帶素韠注云朝服者十五升布衣而素裳也衣不言色者衣與冠同也知朝服十五升者雜記文知用布者雜記云朝服十五升去其半而緦故知布也知素裳者以冠禮云素韠韠從裳色故知裳亦素也若士之助祭者則韠用緇不與裳同色熊氏云玄冠用黑繒爲之其義未甚明也。

子曰夫民教之以德齊之以禮則民有格心教之以政齊之以刑則民有遯心格本也遯逃也。格古伯反遯徒遜反亦作遁故君民者子以愛之則民親之信以結之則民不倍恭以涖之則民有孫心涖臨也孫順也。倍音佩下注同涖音利又音類孫音遜注同甫刑曰苗民匪用命制以刑惟作五虐之刑曰法是以民有惡德而遂

絕其世也甫刑尚書篇名匪非也命謂政令也高辛氏之末諸侯有三苗者作亂其治民不用政令專制御之以嚴刑乃作五虐蚩尤之刑以是爲法於是民皆爲惡起倍畔也三苗由此見滅無後世由不任德○蚩尺之反畔本或作叛俗字非也任而鴆反

疏子曰至世也○正義曰此一節明教格來也君若教民以德整民以禮則民有歸上之心故論語云有恥且格○甫刑曰苗民匪用命者此尚書呂刑之篇也甫侯爲穆王說刑故稱甫刑匪非也言苗民匪用命者命謂政令言苗民爲君非用政令以教於下○制以刑者言制御於下以嚴刑○唯作五虐之刑曰法者言唯作蚩尤五種虐刑自謂爲法○是以民有惡德者以此之故民皆有怨惡之德起倍叛之心○遂絕其世也者言三苗不任德遂被誅而絕其世也○注甫刑至任德○正義曰此甫刑尚書呂刑也而稱甫刑者案孝經序云春秋有呂國而無甫侯但孝經序未知是鄭作以不案春秋實無甫侯國語云申呂雖衰齊許猶在又云齊許申呂皆由大姜然則呂即甫也案孔注尚書呂侯後爲甫侯故穆王時謂之呂侯周宣王及平王之時爲甫侯故詩崧高云生甫及申謂宣王時也揚之水不與我戍甫謂平王時也則孔氏義爲是鄭或同之云高辛氏之末諸

侯有三苗者作亂案鄭注呂刑云苗民謂九黎之君也九黎之君於少昊氏衰而棄善道上效蚩尤重刑必變九黎言苗民者有苗九黎之後顓頊代少昊誅九黎分流其子孫爲居於西裔者三苗至高辛之衰又復九黎之君惡堯興又誅之堯末又在朝舜時又竄之後王深惡此族三生凶惡故著其氏而謂之民民者冥也言未見仁道以此言之三苗是九黎之後九黎於少昊之末而爲亂三苗於高辛氏之末又爲亂故此注云高辛以呂刑於此苗民之下云皇帝清問下民又云乃命三后三后謂伯夷之等故以皇帝爲帝堯又以苗民爲高辛氏之末也鄭以九黎爲苗民先祖但上學蚩尤之惡非蚩尤子孫孔注尚書以爲九黎即蚩尤也三苗則非九黎之子孫與鄭異○子曰下之事上也不從其所令從其所行言民化行不拘於言○行下孟反注同又如字拘音俱○上好是物下必有甚者矣甚者甚於君也○好呼報反下皆同故上之所好惡不可不慎也是民之表也言民之從君如影逐表○惡烏路反景如字一音英領反子曰禹立三年百姓以仁遂

焉豈必盡仁言百姓効禹爲仁非本性能仁遂猶達也○傚胡孝反詩云赫赫師尹民具爾瞻甫刑曰一人有慶兆民賴之大雅曰成王之孚下土之式皆言化君也孚信也式法也○赫許百反王如字徐于況反○

疏子曰至之式○正義曰此一節申明上文以君者民之儀表不可不慎故此兼言上有其善則下賴之○百姓以仁遂焉者遂達也言禹立三年百姓悉行仁道達於外內故云百姓以仁遂焉豈必盡仁者言禹之百姓豈必本性盡行仁道祇由禹之所化故此禹立三年則百姓盡行仁道論語稱如有王者必世而後仁者禹承堯舜禪代之後其民易化論語所稱者謂承離之後故必世乃後仁是以注論語云周道至美武王伐紂至成王乃致太平由承殷紂敝化之後故也○詩云赫赫師尹民具爾瞻者此小雅節南山之篇刺幽王之詩言幽王之時尹氏爲大師爲政不平故詩人刺之云赫赫然顯盛之師尹者民具爾瞻視上之所爲引者證民之法則於上○甫刑曰一人有慶兆民賴之者慶善也一人謂天子也天子有善行民皆蒙賴之引者證上有善行賴及于下大雅曰成王之孚下土之式者是

大雅下武之篇美武王之詩孚信也言武王成就王道之信者故爲下土法引之者證君有善與。爲法式也。子曰上好仁則下之爲仁爭先人故長民者章志貞教尊仁以子愛百姓民致行己以說其上矣章明也貞正也民致行己者民之行皆盡己心。長丁丈反說音悅詩云有梏德行四國順之梏大也直也。梏音角詩作覺行下孟反【疏】子曰至順之。正義曰此一節贊結上經在上行仁之事。則天下之爲仁爭先人者言上若好仁則下皆爲仁爭欲先他人。故長民者章志貞教尊仁以子愛百姓者章明也貞正也言尊長於人爲君者當須章明己志爲貞正之教尊敬仁道以子愛百姓也。民致行己以說其上矣者言上能化下如此則在下之人致盡行己之意以說樂其上矣。詩云有梏德行四國順之此詩大雅抑之篇刺厲王之詩也梏大也言賢者有大德行四國從之引者証上有其德下所從也子曰王言如絲其出如綸王言如綸其出如綍言言出彌大也綸今有秩嗇夫所佩也綍引棺索也○綸音倫又古頑反綬也如紼音弗大索嗇音色索悉洛反 故大人不倡游言游猶浮也不可用之言也○倡昌尚反可言也不可行君子弗言也可行也不可言君子弗行也則民言不危行而行不危言矣危猶高也言不高於行行不高於言言行相應也○行而行皆下孟反注及下皆同應應對之應詩云淑慎爾止不僭于儀淑善也僭過也言善慎女之容止不可過於禮之威儀也○僭起虔反女音汝

【疏】子曰至于儀○正義曰此一節明王者出言下所做之其事漸大不可不慎意與前經同也○王言如絲其出如綸者王言初出微細如絲及其出行於外言更漸大如似綸也言綸麤於絲○王言如綸其出如綍者亦言漸大出如綍也綍又大於綸○故大人不倡游言者游言謂浮游虛漫之言不可依用出言則民皆師法故尊大之人不倡道此游言恐人依象之○可言也不可行君子弗言也謂口可言說力不能行則君子不言也若有客不能館則不問其所舍之類是也可行也不可言君子弗

行也熊氏云可行謂君子賢人可行此事但不可言說爲凡人作法如此之事則君子不當行若曾子有母之喪水漿不入於口七日不可言說以爲法故子思非之是君子不行也○則民言不危行而行不危言矣者危高也如此化民則民言行相應言不高於行行不高於言○詩云淑愼爾止不愆于儀者此大雅抑之篇刺厲王之詩淑善也愆過也言爲君之法當善謹愼女之容止不愆過於禮之容儀言當守道以自居引者證言行不可過也○注綸今有秩嗇夫所佩也○正義曰案漢書百官公卿大夫表云十里一亭十亭一鄉鄉有三老有秩嗇夫有遊徼三老掌教化嗇夫掌獄訟遊徼掌禁盜賊故漢書云張敞以鄉有秩補大守卒史又云朱邑爲桐鄉嗇夫又續漢書百官表云鄉置有秩三老遊徼有秩郡所置秩百戶其鄉小者縣所置嗇夫案此則有秩嗇夫職同但隨鄉大小故名異耳名雖異其所佩則同張華云綸如宛轉繩

子曰君子道人以言而禁人以行○禁猶謹也　道音導

故言必慮其所終而行必稽其所敝則民謹於言而愼於行○稽猶考也議也　稽古兮反　詩云愼爾出話

敬爾威儀話善言也。話胡快反大雅曰穆穆文王於緝熙敬止緝熙皆明也言於明明乎敬其容止。於音烏注同緝七入反熙許其反毛詩傳云緝熙光明也。

〔疏〕○子曰至敬止○正義曰此一節亦賛明前經言行之事○道人以言者在上君子誘道在下以善言使有信也○而禁人以行者禁猶謹也言禁約謹慎人以行使行顧言也○故言必慮其所終者謂初出言之時必思慮其此言得終末可恒行以否○而行必稽其所敝者稽考也言欲行之時必須先考校此行至終敝之時無損壞以否○詩云慎爾出話敬爾威儀者此大雅抑之篇刺厲王也話善言也爾汝也謹慎爾之所出之善言以爲政教故恭敬爾之威儀言必爲人所法則引証言慮其所終大雅云穆穆文王於緝熙敬止者此大雅文王之篇美文王之詩言穆穆然美者乃是文王於謂嗚呼緝熙皆光明也言文王之德嗚呼光明乎又敬其容止引者証在上當敬其言行也

子曰長民者衣服不貳從容有常以齊其民則民德壹貳不壹也。長丁丈反下君長同貳本或作貳同音二下同從七凶反。詩云彼都人士狐裘黃黃其容不改出言有章行歸于周萬民所望黃衣則狐裘大蜡之服也詩人見而說焉章文章也忠信爲周此詩毛氏有之三家則亡○黃徐本作橫音黃蜡仕嫁反說音悅○〔疏〕子曰至所望○正義曰從容有常者從容謂舉動有其常度○則民德一者一謂齊一則萬人之德皆齊一不參差詩云彼都人士者此小雅都人士之篇刺幽王之詩幽王之時君臣衣服無常故詩人引彼明王之時都邑之人有士行者服此狐裘黃黃然行歸于周萬民所望者周謂忠信言都人之士行歸忠信萬民所以瞻望以法則之○注黃衣則狐裘大蜡之服也○正義曰郊特牲云黃衣黃冠而祭息田夫也此云黃衣故云大蜡之服論語云黃衣狐裘故狐裘則黃衣也案詩注云狐裘取溫裕而已不云大蜡此云蜡者以正衣解之詩謂庶人有士行非關蜡祭之事故爲溫裕也

子曰爲上可望而知也爲下可述而志也則君不疑於其臣而臣不惑於其君矣志猶知也尹吉曰惟尹躬及湯咸有壹德

吉當爲告告古文誥字之誤也尹告伊尹之誥也書序以爲咸有壹德今亡咸皆也君臣皆有壹德不貳則無疑惑也○吉依注爲告音誥羔報反

詩云淑人君子其儀不忒

疏 子曰至不忒○正義曰爲上可望而知也者謂貌不藏情可望見其貌則知其情○爲下可述而志也志知也爲臣下率誠奉上其行可述叙而知○尹吉曰惟尹躬及湯咸有一德者吉當爲告是伊尹誥大甲故稱尹誥則咸有一德篇是也言惟尹躬身與成湯皆有純一之德引者證上君臣不相疑惑○詩云淑人君子其儀不忒者此詩曹風鳲鳩之篇刺曹君之詩言善人君子其儀不有差忒引者證一德之義○

子曰有國者章善癉惡以示民厚則民情不貳

章明也癉病也○忒他得反本或作貳音二章義如字尚書作善皇云義善也癉丁但反

詩云靖共爾位好是正直

疏 子曰至正直○正義曰章善癉惡者章明也癉病也言爲國者有善以賞章明之有惡則以刑癉病之也○詩云靖共爾位好是正直者此詩小雅小明之篇刺幽王之詩也言大夫悔仕亂世告語未仕之人言更待明君靖謀共其爾之祿位愛好正直

之人然後事之也引之者證上民情不二爲正直之行。子曰上人疑則百姓惑下難知則君長勞難知有姦心也。共音恭本亦作恭好呼報反故君民者章好以示民俗慎惡以御民之淫則民不惑矣淫貪侈也孝經曰示之以好惡而民知禁。好如字又呼報反注同惡如字又烏路反注同侈昌氏反又式氏反。臣儀行不重辭不援其所不及不煩其所不知則君不勞矣儀當爲義聲之誤也言臣義事君則行也重猶尚也援猶引也也引君所不及謂必使其君所行如堯舜也不煩以其所不知謂必使其知慮如聖人也凡告喻人當隨其才以誘之。行如字援音袁注同知慮音智詩云上帝板板下民卒癉上帝喻君也板板辟也卒盡也癉病也此君使民惑之詩。版布綰反注同亶丁但反本亦作癉辟匹亦反字亦作僻同小雅曰匪其止共惟王之卬匪非也卬勞也言臣不止於恭敬其職惟使王之勞此臣使君勞之詩也○共音恭皇本作躬云躬恭也邛其恭反〔疏〕子曰至之邛○正義曰此一節申明上經君臣各以情相示則君之與臣各得其所○上人疑者謂在上之君君多有疑二則在下百姓有疑惑也○下難知則君長勞者若在下之人心懐欺詐難知其心則在上君長治之勞苦○故君民者章好以示民俗愼惡以御民之淫則民不惑矣○覆上百姓惑淫貪也言如此則民不惑矣○臣儀行不重辭不援其所不及不煩其所不知則君不勞矣者覆上君長勞如此則君不勞臣儀行者儀當爲義謂臣有義事則奉行之不重辭者重尚也爲臣之法不尚虛華之辭不援其所不及者謂君才行所不能及臣下不須援引其君行所不能及之事謂必使其君所行如堯舜也不煩其所不知者謂君有所不知其臣不得煩亂君所不知之事令必行之臣能如此則君不勞苦○詩云上帝板板下民卒癉者上帝君也板板辟也卒盡也癉病也言君上邪辟下民盡皆困病引之者證君使民惑之事此詩大雅板之篇刺厲王之詩○小雅曰匪其止共惟王之邛者小雅巧言之篇刺幽王之詩也言小人在朝不止息於恭敬惟爲姦惡使王之邛勞引之者證臣使君勞也○

子曰政之不行也教之不成也爵祿不足勸

也刑罰不足恥也故上不可以褻刑而輕爵言政教所以明賞罰。褻息列反。康誥曰敬明乃罰甫刑曰播刑之不迪康康叔也作誥尚書篇名也播猶施也不衍字耳迪道也言施刑之道。播徐補餓反迪音狄衍延善反

【疏】子曰至不迪。正義曰此一節明慎賞罰之事。政之不行也教之不成也者皇氏云言在上政令所以不行教化所以不成者秖由君上爵祿加於小人不足勸人為善也由刑罰加於無罪之人不足恥其為惡由賞罰失所故致政之不行教之不成也。故上不可以褻刑而輕爵者刑爵不中則懲勸失所故君上不可輕褻之。康誥曰敬民乃罰者証刑罰不可褻也周公作康誥誥康叔云女所施刑罰必敬而明之也。甫刑曰播刑之不迪不為衍字迪道也此穆王戒羣臣云今爾何監非是伯夷布刑之道言所為監鏡者皆是伯夷布刑之道引之者証重刑之義也

子曰大臣不親百姓不寧則忠敬不足而富貴已過也大臣不治而邇臣比矣忠敬不足謂臣不忠於君君不敬其

臣邇近也言近以見遠言大以見小互言之比私相親也○治音值比毗志反注同親也見賢遍反下同故大臣不可不敬也是民之表也邇臣不可不慎也是民之道也民之道言民循從也君毋以小謀大毋以遠言近毋以內圖外圖以謀也言凡謀之當各於其黨於其黨知其過審也大臣柄權於外小臣執命於內或時交爭轉相陷害○毋音無下同柄音秉兵永反爭爭鬬之爭則大臣不怨邇臣不疾而遠臣不蔽矣疾猶非也○蔽必世反葉公之顧命曰毋以小謀敗大作毋以嬖御人疾莊后毋以嬖御士疾莊士大夫卿士葉公楚縣公葉公子高也臨死遺書曰顧命小謀小臣之謀也大作大臣之所爲也嬖御人愛妾也疾亦非也莊后適夫人齊莊得禮者嬖御士愛臣也莊士亦謂士之齊莊得禮者今爲大夫卿士○葉舒涉反注同葉公楚大夫沈諸梁也字子高爲葉縣尹僭稱

公也敗補邁反嬖必惠反徐甫詣反又補弟反字林方豉反
賤而得幸曰嬖云便嬖愛妾莊后側艮反齊莊也下及注同
適丁歷反齊莊
側皆反下同○子曰大人不親其所賢而信其所

賤民是以親失而教是以煩親失失其所當親也
教煩由信賤也賤者
無一○
德也詩云彼求我則如不我得執我仇仇亦不

我力言君始求我如恐不得我既得我持我仇仇然不堅
固亦不力用我是不親信我也○仇音求爾雅云讎
也
○君陳曰未見聖若己弗克見既見聖亦不

克由聖克能也由用也○陳本亦作古陳
字若已弗克見音紀尚書無已字（疏）子曰至由
聖○正義
曰此一節明在下羣臣無問大小皆須恭敬謹慎又君無以
小臣而謀大事也○大臣不親百姓不寧則忠敬不足富貴
已過也者沈氏云謂大臣離二不與上相親政教煩苛故百
姓不寧若其如此臣不忠於君君不敬於臣是忠敬不足所
以致然也由君與臣富貴已過極也○大臣不治而邇臣比
矣者大臣不肯為君理治職事由邇近之臣與上相親比故

也○邇臣不可不慎也是民之道也者邇近也言親近之臣不可不慎擇其人道謂道路言邇臣是民之道路邇臣好則人從之好邇臣惡則人從之惡也○君毋以小謀大者言君無得與小臣而謀大臣之事也○毋以遠言近者無得以遠臣共言近臣之事也○毋以內圖外者無得以內臣共圖謀外臣之事所以然者小大之臣意殊遠近之臣不同恐各為朋黨彼此交爭轉相陷害故不圖謀也則大臣不怨邇臣不疾而遠臣不蔽矣者若能如此則外內情通小大意合大臣不怨恨於君也疾猶非也近臣不為人所非毀而遠臣不被障蔽故也葉公之顧命曰毋以小謀敗大作者此葉公顧命之書無用小臣之謀敗損大臣之作○毋以嬖御人疾莊后者莊后謂齊莊之后是適夫人也無得以嬖御賤人之為非毀於適夫人○毋以嬖御士疾莊士者言毋得以嬖御之士非毀齊莊之士○大夫卿士者覆說言莊士即大夫卿之典事者士事也注言近以見遠言大以見小互言之○正義曰言近以見遠謂言近臣親比則遠臣不親比云言大以見小謂大臣不治小臣治也故云互言之也○注大臣至陷害○正義曰由大臣執權於外小臣執命於內或大臣忌小臣或小臣忌大臣所以內外交爭若共圖謀轉相陷害故所謀之事各於其黨與大臣謀大臣與小臣謀小臣是各於其黨中

知其過失審悉也○注葉公楚縣公葉公子高也○正義曰知葉公子高者左傳云世本文云臨死遺書曰顧命者約尚書顧命之篇○子曰至由聖○正義曰此節明君不信用臣也不親其所賢而信其所賤者謂在上不任其所賢有德之人而信用其所賤無德者民是以親失者言以此化民民效於上失其所當親惟親愛羣小也○而教是以煩者言羣小被親既無一德政教所以煩亂也○詩云彼求我則如不我得此詩小雅正月之篇刺幽王之詩言彼幽王初求我賢人如不得於我言禮命煩多也○執我仇仇亦不我力者既得賢人執留我仇仇然不堅固亦不於我上以力而用我引之者証不親其所賢也○君陳曰未見聖若已弗克見既見聖亦不克由聖者此尚書君陳篇成王戒君陳之辭也言凡人未見聖道之時如似已不能見既見聖道亦不能用之也

子曰小人溺於水君子溺於口大人溺於民皆在其所褻也 言人不溺於所敬者溺謂覆没不能自理出也○溺乃歷反覆芳服反○

夫水近於人而溺人德易狎而難親也易以溺人 言水人所沐浴自潔清者至於深淵洪波所當畏愼也由

近人之故或泳之游之褻慢而無戒心以取溺焉有德者亦如水矣初時學其近者小者以從人事自以爲可則侮狎之至於先王大道性與天命則遂扞格不入迷惑無聞如溺於大水矣難親親之當肅敬如臨深淵。近附近之近注由近人同易以豉反下同狎徐戶甲反淸如字又才性反洪本又作鴻泳音詠潛行爲泳游音由侮亡甫反捍胡旦反格戶白反。口費而煩易出難悔易以溺人 費猶惠也言口多空言且煩數也過言一出駟馬不能及不可得悔也口舌所覆亦如溺矣費或爲哼或爲悖。費芳貴反注同數色角反覆芳服反又芳又反哼或爲悖並布內反。夫民閉於人而有鄙心可敬不可慢易以溺人 言民不通於人道而心鄙詐難卒告諭人君敬慎以臨之則可若陵虐而慢之分崩怨畔君無所尊亦如溺矣。慢本又作漫音武諫反卒寸忽反愼也 愼所可褻乃不溺矣。太甲曰毋越厥命以自覆也若虞機張往省括于厥度則釋 越之言蹷也厥其也覆敗也言無自顛蹷女之政教以自毀敗虞主田獵之地者也機弩牙也度謂所擬射也虞人之射㑹弩已張從機間視括與所射參相得乃後釋弦發矢爲政亦當以已心参於羣臣及萬民可乃後施也○大音泰覆芳服反注同括古活反于厥度如字又大各反注同尚書無厥字蹷其厥反又紀衞反一音厥女音汝擬魚起反本亦作擬射食亦反下同○兊命曰惟口起羞惟甲冑起兵惟衣裳在笥惟干戈省厥躬兊當爲說謂殷高宗之臣傅說也作書以命高宗尚書篇名也羞猶辱也衣裳朝祭之服也惟口起辱當慎言語也惟甲冑起兵當慎軍旅之事也惟衣裳在笥當服以爲禮也惟干戈省厥躬當恕已不尙害人也○兊依注作說本亦作說兵尚書作戎笥司吏反爲說說音悅下傅說同朝直遥反○太甲曰天作孽可違也自作孽不可以逭違猶辟也逭逃也○孽魚烈反下同尚書作天作孽猶可違也不可以踰本又作逭乎亂反尚書作弗可逭無以字辟音避○尹吉曰惟尹躬天。見于西邑夏自周有終相亦惟終尹吉亦尹誥也天當爲先字之誤忠信爲周相助也謂臣也伊尹言尹之先祖見夏之先君臣皆忠信以自終今天絕桀者以其自作孽伊尹始仕於夏此時就湯矣夏之邑在亳西見或爲敗邑或爲子○吉音誥出注羔報反天依注作先西田反相息亮反亳步各反

疏 子曰至惟終○正義曰此一節戒慎言之事○小人溺於水者謂卑賤小人居近川澤者愛翫於水溺覆沒也多爲水所覆故云小人溺於水○君子溺於口者言卿大夫之君子以口傷人而致怨恨遂被覆沒亦如溺於水不能自治也○大人溺於民者大人謂人君也由君在上陵虐下民則人衆離叛君無所尊故溺於民也皆在其所褻也者言小人君子大人等所以被沒溺者皆在於褻慢而不能敬慎故致溺也○夫水近於人而溺人者釋上三事所以致溺也此說水溺所由也水若遠於民則人不沒溺但由水近人則人得用之沐浴而日日狎習不復畏懼或泳之或游之無有誠忌至於洪波浪起亦猶習以爲常故致覆溺也○德易狎而難親也易以溺人者德易狎者言有德之人初時學其近者淺者謂言可得是易可親狎至大者遠者莫測其理是難可親也初時易狎是易也終則難親是溺人也故云易以溺人也○口費而煩易出難悔易以溺人者說德既竟此還釋溺口所由費惠也口虛出言而無實從之是口惠也口惠不難

失在煩數故云而煩也無以實言是易出也一出言駟馬追之不及是難悔必爲物所憾所以有禍口費易出難悔被害是溺人也○夫民閉於人而有鄙心者此釋溺民所由也言下民之情常自閉塞不通人道故云閉於人也而用心鄙詐故云有鄙心可敬不可慢易以溺人者既閉塞人道而有鄙詐卒難告喻故人君當敬以臨之庶其漸染若又陵慢則必怨畔則國無民君道便喪溺也民處卑下易可褻慢終致怨畔是溺人也○大甲曰毋越厥命以自覆也者伊尹戒大甲辭言無得顛越其教命以自覆敗也○若虞機張者虞謂虞人機謂弩牙言爲政之道如虞人射獸先弩牙以張也○往省括于厥度則釋者謂已心往機間省視箭括當於所射之度乃釋弦而發矢故云則釋言爲政之道政教已陳當以已心省此所施政教合於羣下然後乃施之也○兊命曰惟口起羞惟甲胄起兵者此尚書篇名傳說戒高宗之辭口爲榮辱之主若出言不當則被人所賤故起羞辱也甲胄罰罪之器若所罰不當反被兵戎所害故甲胄起兵也○惟衣裳在笥惟干戈省厥躬者衣裳在篋笥當服之以行禮不可妄與於人惟所施干戈之事當自省已身不可妄加無罪浪以害人○大甲曰天作孽可違也者若水旱災荒自然而有非由人失所致故云天作孽亦可從移辟災是可違也○自作孽

不可以逭者已自作禍物皆怨恨所在而致禍害故不可逃
也。尹吉曰惟尹躬天見于西邑夏者吉當爲告天當爲先
言伊尹告大甲云伊尹身之先祖見西方夏邑之君謂禹也
夏都在亳西故云西邑也自周有終相亦惟終者周謂忠信
言夏之先君有能忠信得自有其終其輔相之臣亦如先君
亦得終久也引者証人君若脩德行善則能終。注難親至
深淵。正義曰言德易狎而難親若其終始易親則全無溺
人之事由其初則易狎後則難親當恒肅敬如臨深淵水若
不肅敬則致陷害故云溺人也。注兊當爲説。正義曰尚
書序云高宗夢得説使百工營求諸野得諸傅岩。作説命三
篇是高宗之臣傅説也説作書以戒高宗也。注尹吉至亳
西。正義曰云尹吉者上經已解尹吉爲尹告故此云亦誥
也云天當爲先者以天字與先者以天字與先相似故爲先
也云忠信爲周者國語文也云伊尹言尹之先祖者鄭君不
見古文尚書故云伊尹之先祖據尚書是大甲之篇言尹之
往先見夏之先君是身之往先見非謂尹之先祖也云伊尹
始仕於夏此時就湯矣者書序云伊尹去亳適夏既醜有夏
復歸于亳是始仕於夏也經云先見西邑夏故知爲誥之時
就湯矣以鄭不見古文謂言尹誥是伊尹告成湯故云此時
就湯矣與尚書同云夏之邑在亳西者案世本及汲冢古文

並云禹都咸陽正當亳西也及後乃徙安邑鄭以爲湯都偃師爲亳邑則是安邑亦在亳西也子曰民以君爲心君以民爲體心莊則體舒心肅則容敬心好之身必安之君好之民必欲之心以體全亦以體傷君以民存亦以民亡莊齊莊也。好呼報反齊側皆反。詩云昔吾有先正其言明且清國家以寧都邑以成庶民以生誰能秉國成不自爲正卒勞百姓先正先君長也誰能秉國成傷今無此人也成邦之八成也誰能秉行之不自以所爲者正盡勞來百姓憂念之者與疾時大臣專功爭美。昔吾有先正從此至庶民以生揔五句今詩皆無此語餘在小雅節南山篇或皆逸詩也清舊才性反一云此詩協韻宜如字上先正當音征誰能秉國成毛詩無能字勞力報反注勞來同詩依字讀長丁丈反來力再反與音餘。君雅曰夏日暑雨小民惟曰怨資冬祁寒小民亦惟曰怨雅書序作牙假借字也君雅周穆王司徒作尚書篇名也資當爲至齊魯之語聲之誤也祁之言是也齊西偏之語也夏日暑雨小民怨天至冬是寒小民又怨天言民恒多怨爲其君難○雅音牙注同尚書作牙夏日戸嫁反注同尚書無日字資依注音至尚書作咨連上句云怨咨祁巨依反徐巨尸反字林上尸反○**疏**子曰至曰怨○正義曰此論君人相須言養人之道不可不慎也○詩云昔吾有先正其言明且清者此逸詩也正長也詩人稱昔吾之有先君正長其教令之言分明且清絜國家所以安也都邑所以成也庶人所以生也○誰能秉國成不自爲正卒勞百姓者卒盡也言詩人傷今無復有先正之賢故云今日誰能執國之八成又當謙退之不自爲正者得其正道能用仁恩盡勞來百姓言今無復有如此之人疾時大臣惟專功爭美各自爲是也君雅曰夏日暑雨小民惟曰怨者此穆王命君牙之辭也言民心難稱所怨恒多夏日暑熱及雨天之常道細小之人惟曰怨資也○資冬祈寒小民亦惟曰怨者至於冬日是大寒之時小人亦惟曰怨猶言君政雖曰得當人怨之不已是治民難也○注成邦之八成也○正義曰案周禮小宰職云掌以官府之八成經邦治一曰聽政役以比

居二曰聽師田以簡稽三曰聽閭里以版圖四曰聽稱責以傅別五曰聽祿位以禮命六曰聽取予以書契七曰聽賣買以質劑八曰聽出入以要會皆成事品式以聽治於人○注雅書至字也○正義曰言古牙字假雅字以爲牙故尚書以爲君牙此爲君雅案尚書云小民惟曰怨咨今此本作資字鄭又讀資當爲至以鄭不見古文尚書故也

子曰下之事上也身不正言不信則義不壹行無類也類謂比式○行下孟反下行有格同比式如字比方法式

子曰言有物而行有格也是以生則不可奪志死則不可奪名物謂事驗也格舊法也○是故一本作以故君子多聞質而守之多志質而親之精知略而行之質猶少也多志謂博交汎愛人也精知孰慮於衆也精或爲清○知如字一音智注同汜音泛

君陳曰出入自爾師虞庶言同自由也師庶皆衆也虞度也言出內政教當由女衆之所謀度衆言同乃行之政教當由一也○度

待洛反下同 詩云淑人君子其儀一也【疏】子曰至一也○正義曰此
一節明下之事上當守其一○則義不一行無類也者若身
之不正言之不信則於義事不能齊壹行無有比類言行之
無恒不可比類也○言有物而行有格也物謂事之徵驗格
謂舊有法式言必須有徵驗行必須有舊法式既言行不妄
守死善道故生則不可奪志死則不可奪名言名志俱善欲
奪不可也故君子多聞質而守之者雖多聞前事當簡質而
守之○多志質而親之者謂多以志意博交汎愛亦質少而
親之○精知畧而行之者謂精細而知孰慮於衆要畧而行
之此皆謂聞見雖多執守簡要也君陳曰出入自爾師虞庶
言同者自由也師衆也虞度也庶衆也成王戒君陳云言出
入政教當由女衆人共知謀度若衆言皆同乃行之言政教
當由一也○詩云淑人君子其儀一也者此曹風鳲鳩之篇
刺曹公不均平也言善人君子其威儀
齊一也引之者證爲政之道須齊一也 子曰唯君子能
好其正小人毒其正 正當爲匹字之誤也匹謂知識朋友○好呼報反下皆同正音
匹出注下同 故君子之朋友有鄉其惡有方 鄉方喻輩類也小人

微利其友無常也○鄉許亮反又音香注同輩布内反微古堯反下同是故邇者不惑而遠者不疑也言其可望而知邇近也詩云君子好仇仇匹也○

疏子曰至好仇○正義曰此一節明其朋匹之事君子能好其正者匹匹偶言君子能愛好其朋友匹偶以下云君子好仇故知此正爲匹也○故君子之朋友有鄉其惡有方者言鄉方皆猶輩類也言君子所親朋友及所惡之人皆有輩類言君子善者則爲朋友也既好惡不同故君子之交可者與之不以榮枯爲異是朋友不善者則可憎惡之言有常也若小人唯利是求所善所惡無恒定也○是故邇者不惑而遠者不疑也由好惡有定可望貌而知故近者不惑遠者不疑也○詩云君子好仇者此周南關雎之篇詩意云窈窕淑女君子好仇此則斷章云君子之人以好人爲匹也

子曰輕絶貧賤而重絶富貴則好賢不堅而惡惡不著也人雖曰不利吾不信也言此近微利也○惡惡上烏路反下如字著張慮反近附近之近詩云朋友攸攝攝以威儀

攸，所也。言朋友以禮義相攝正，不以貧富貴賤之利也。○【疏】子曰至威儀。○正義曰：此一節明交友之道，唯善是仇，以威儀相攝佐也。○則好賢不堅而惡惡不著也者，以賢而貧賤則輕絕之，是好賢不堅；惡而富貴則重絕之，則惡惡不著也。如此者是貪利之人，故云雖曰不利，吾不信也。○詩云朋友攸攝，攝以威儀者，此大雅既醉之篇，美成王之時大平之詩。於時朋友羣臣所以禮義相攝佐之時以威儀也。言不以富貴貧賤而求利者。○**子曰：私惠不歸德，君子不自留焉。**私惠，謂不以公禮相慶賀時，以小物相問遺也。言其物不可以爲德，則君子不以身留此人也。相惠以褻瀆邪辟之物，是爲不歸於德。歸或爲懷。○遺，于季反。邪，似嗟反，徐以車反。辟，匹亦反。**詩云：人之好我，示我周行。**行，道也。言示我以忠信之道。○行，戶剛反，又如字。○【疏】子曰至周行。○正義曰：此一節明君子唯以德是與。○私惠不歸德者，言人以私小恩惠相問遺，不歸依道德，如此者，君子之人不用留意於此等之人，言不受其惠也。○詩云人之好我，示我周行者，此小雅鹿鳴之篇，言文王燕飲羣臣，愛好於我，示我以忠信之道也。周，忠信；行，道也。惟以忠信正道以示我，不以褻瀆邪辟之物，而相遺也○子曰苟有車必見其軾苟有衣必見其敝人苟或言之必聞其聲苟或行之必見其成言凡人舉事必有後驗也見其軾謂載也敝敗衣也衣或在內新時不見○軾音式敝鄭婢世反敗也庾必世反隱蔽也人苟或言之一本無人字不見如字又賢遍反葛覃曰服之無射射厭也言已願采葛以爲君子之衣令君子服之無厭言不虛也○覃徒南反射音亦注同厭於豔反後皆同令力呈反

疏子曰至無射○正義曰此明人言行必慎其所終也將欲明之故先以二事爲譬喻也○苟有其車必見其軾者言人苟稱家有車必見其車有載於物不可虛也言有車無不載也○苟有其衣必見其敝者言人苟稱家有衣必見其所著之衣有終敝破也不虛稱有衣而無敝也○人苟或言之必聞其聲者既稱有言必聞其聲不可有言而無聲也○苟或行之必見其成者人苟稱有行此事必須見其成驗不可虛稱有行而無成驗也葛覃曰服之無射者此周南葛覃之篇美后妃之德也詩之本意言后妃習絺綌之事而無厭倦之心此則斷章云采葛爲君子之衣君子得而服之無厭倦也言

君子實得其服而不虛也引之者證人之所行終須有效也○注衣或在內新時不見○正義曰以經云苟有其車必見其載苟有其衣當言必見其著今乃云必見其敝以求初新著時或在內裏人不見也其敝破棄時乃始見故云必見其敝○子曰言從而行之則言不可飾也行從而言之則行不可飾也從猶隨也○行從下孟反下則行下注以行同故君子寡言而行以成其信則民不得大其美而小其惡以行爲驗虛言無益於善也寡當爲顧聲之誤也○寡音顧出注○詩云白圭之玷尚可磨也斯言之玷不可爲也玷缺也言圭之缺尚可磨而平之言之缺無如之何○玷丁簟反又丁念反下及注同磨莫何反○小雅曰允也君子展也大成允信也展誠也君奭曰昔在上帝周田觀文王之德其集大命于厥躬奭召公名也作尚書篇名也古文周田觀

文王之德爲割申勸寧王之德今博士讀爲厥亂勸寧王之
德三者皆異古文似近之割之言蓋也言文王有誠信之德
天蓋申勸之集大命於其身謂命之使王天下也○奭音釋
周田觀文依注讀爲割申勸寧召尚照反本亦作卲近附近
之近王于況反

〔疏〕子曰至厥躬○正義曰此一節明重言行之事
○言從而行之則言不可飾也者從隨也謂言
在於先而後隨以行之言當須實不可虛飾也○行從而言
之則行不可飾也者謂行在於前言隨於後論說於行則行
當須先實不可虛飾也○故君子寡言而行以成其信者以
其言行相副之故君子當顧言而行以成其信也○則民不
得大其美而小其惡者必須以行爲驗不用虛辭爲此之故
則人不得虛增大其美事而減小其惡事由美惡大小皆驗
於行也○詩云白圭之玷尚可磨也此大雅抑之篇刺厲王
之詩也白圭之玉玷缺尚可磨而平之此言語玷缺不可爲
而改之是無如之何也○小雅曰允也君子展也大成者此
詩小雅車攻之篇美宣王之詩也允信也言信實矣君子謂
宣王展誠也誠實矣而大成大平也引之者証言信爲本○
君奭曰昔在上帝者此周公告君奭之辭也上帝天也言往
昔之時在上天也○周田觀文王之德周當爲割田當爲申
觀當爲勸言文王有誠信之德故上天蓋申重奬勸文王之

德。其集大命于厥躬者以文王誠信故天命之引之者証言當誠信也。注蘄召至下也。正義曰案周書序云召公爲保周公爲師召公不説周公作君蘄君蘄經云公曰君蘄是蘄爲召公名也謂周公既致政仍留爲大師召公謂其貪於寵祿故不説也周公以善告之名篇爲君蘄故云尚書篇名也云古文周田觀文王之德爲割申勸寧王之德者以伏生所傳歐陽夏侯所注者爲今文尚書以衛賈馬所注者元從壁中所出之古文即鄭注尚書是也此周字古文爲割此田字古文作申此觀字古文爲勸皆字體相涉今古錯亂此文尚書爲寧王亦義相涉也云今博士讀爲厥亂勸寧王之德者謂今文尚書讀此周田觀文王之德爲厥亂勸寧王之德也云三者皆異古文似近之者三者謂此禮記及古文尚書并今博士讀者三者其文各異而古文周田爲割申其字近於義理故云古文似近之云割之言蓋也割蓋聲相近故割讀爲蓋謂天蓋申勸之禮尚書猶爲割謂割制其義與此不同。

子曰南人有言曰人而無恒不可以爲卜筮古之遺言與龜筮猶不能知也而況於人乎恒常也不可爲卜筮言卦兆不能見其情定其吉凶

也○與音餘詩云我龜既厭不我告猶猶道也言褻而用之龜厭之不告以吉凶之道也兌命曰爵無及惡德民立而正事純而祭祀是爲不敬事煩則亂事神則難惡德無恒之德純猶皆也言君祭祀賜諸臣爵毋與惡德之人也民將立以爲正言放傚之疾事皆如是而以祭祀是不敬鬼神也惡德之人使事煩事煩則亂使事鬼神又難以得福也純或爲煩○兌音悅毋音無放方往反傚戶教反易曰不恒其德或承之羞恒其德偵婦人吉夫子凶差猶辱也偵問也問正爲偵婦人從人者也以問正爲常德則吉男子當專行幹事而以問正爲常德是亦無恒之人也○偵音貞周易作貞幹古半反

〔疏〕子曰至子凶○正義曰此一節明爲人臣之法當有恒也○人而無恒不可以爲卜筮者南人殷掌卜之人有遺餘之言稱云人而性行無恒不可爲卜筮古之遺言與龜筮猶不能得知無恒之人而況於凡人乎○詩云我龜既厭不我告猶者小雅小旻之篇刺幽王之詩言幽王性行無恒數誣卜筮故云我龜既

厭倦於卜不於我身告其吉凶之道也引之者証無恒之人
不可以爲卜筮也○兊命曰爵無及惡德者此尚書傳說告
高宗之辭云祭祀之末爵人之時無復及此惡德之人惡德
無恒者也○民立而正事純而祭祀者純皆也言若爵此惡
德之人則立之以爲正事在下必學之若毎事皆爵此惡德
之人而以祭祀是不敬鬼神也言無恒之人不可祭祀也○
事煩則亂者言若使無恒惡德之人主掌祭祀其事則○煩
事煩則致亂也○事神則難者若使惡德之人事其鬼神則
難得其福○易曰不恒其德或承之羞者恒卦九三爻辭言
人若不恒常其德故承之羞辱引之者証人而無恒其行惡
也○恒其德偵婦人吉夫子凶者此恒卦六五爻辭偵正也
言恒常其德問正於人婦人吉也以婦人不自專常須問正
於人故得吉夫子男子也當須自專權幹於事若問正於人
失男子之道故爲凶引之者証男子之無恒德其行惡也○
注純猶至福也○正義曰言君祭祀賜諸臣爵無與惡德之
人也者此經直云爵無及惡德必知因祭祀賜諸臣爵者以
下云事純而祭祀是爲不敬故知因祭祀也云事皆如是而
以祭祀是不敬鬼神也者言於祭祀之末不可爵此惡德人
也○注羞猶至人也○正義曰此不恒其德或承之羞者是
易恒卦巽下震上九三爻辭得正互體爲乾乾有剛健之德

體在巽巽爲進退是不恒其德也又互體爲兌兌爲毀折是將有羞辱也云問正爲偵者此恒其德偵恒卦六五爻辭以陰爻而處尊位是天子之女又互體兌兌爲和說至尊主家之女以和悅幹其家事問正於人故爲吉也應在九二又男子之象體在巽巽爲進退是無所定而婦言是從故云夫子凶也

附釋音禮記注疏卷第五十五

江西南昌府學栞

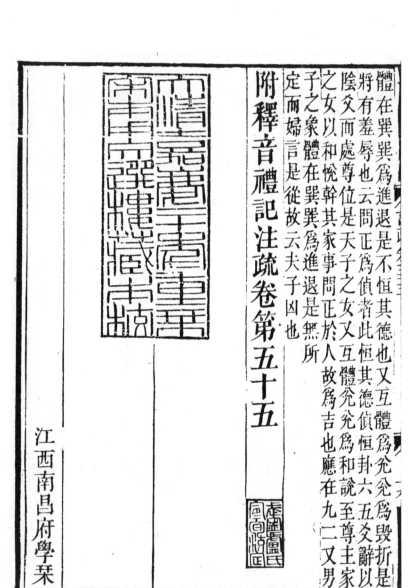

禮記注疏卷五十五挍勘記　阮元撰盧宣旬摘録

緇衣第三十三

子言之曰爲上易事也節

則刑可以措　閩監毛本岳本嘉靖本衛氏集說同釋文出以錯云本亦作措○按措正字經傳多假錯爲之

子言至煩矣　惠棟挍宋本無此五字

爲上易事者　閩監本同毛本者上衍○惠棟挍宋本○作也是也

子曰好賢如緇衣節

子曰至作孚　惠棟挍宋本無此五字

爲王后宮巷官之長　閩本作官考文引宋板同此本官誤官監本同毛本官誤伯

子曰夫民節

子曰至世也 惠棟挍宋本無此五字

但孝經序未知是鄭作以不 閩監毛本同惠棟挍宋本不作否

子曰下之事上也節

如影逐表 閩監毛本岳本嘉靖本同惠棟挍宋本影作景衛氏集說同釋文同○按景影古今字

言百姓俲禹爲仁非本性能仁 惠棟挍宋本下有也字宋監本岳本嘉靖本衛氏集說同考文云古本足利本同此本也字闕閩監毛本脫俲字岳本作傚衛氏集說釋文同宋監本作效嘉靖本作効○按效正字傚乃效字之或體廣韻云効俗效字此又因効而誤作俲

甫刑曰 惠棟挍宋本作日石經宋監本衛氏集說同此本曰誤云閩監毛本同岳本嘉靖本同

子曰至之式 惠棟挍宋本無此五字

豈必本性盡行仁道閩監毛本同考文引宋板行作有衛氏集說同

謂承離之後惠棟挍宋本有亂字此本亂字脫閩監毛本同

證民之法則於上惠棟挍宋本作之此本之誤具閩監毛本同衛氏集說亦作之

證君有善與爲法式也閩監毛本同惠棟挍宋本爲上有下字衛氏集說同

子曰上好仁節

子曰至順之惠棟挍宋本無此五字

則天下之爲仁爭先人者閩監毛本同惠棟挍宋本無天字是也

子曰王言如絲節

其出如綍閩監毛本石經岳本嘉靖本衛氏集說同釋文綍作紼

子曰至于儀惠棟挍宋本無此五字

不譽過於禮之容儀惠棟挍宋本同閩監毛本容儀二字倒

百官表惠棟云續漢書有百官志無百官表東觀漢紀有百官表然文係司馬書作表者誤也

子曰君子道人以言節

子曰至敬止惠棟挍宋本無此五字

誘道在下以善言使有信也閩監毛本同惠棟挍宋本使下有言字

子曰長民者節

子曰至所望惠棟挍宋本無此五字

則民德一者一謂齊一閩監毛本同惠棟挍宋本上一者一謂二一字作壹山井鼎云宋板一作壹下皆同

子曰爲上可望而知也節

子曰至不忒　惠棟挍宋本無此五字

咸有一德者　閩監毛本同惠棟挍宋本一作壹下一德純一一德並同

子曰有國者節

有國者　石經岳本嘉靖本考文引宋板古本足利本同閩監毛本國下衍家字衞氏集說同陳澔集說同石經考文提要云宋大字本宋本九經南宋巾箱本余仁仲本至善堂九經本並無家字

章善癉惡　閩監毛本嘉靖本衞氏集說陳澔集說同宋監本岳本善作義石經初刻作善剜刻作義釋文出章義云尚書作善皇云義善也石經考文提要云宋大字本宋本九經南宋巾箱本余仁仲本劉叔剛本並作章義○按義字是也

子曰至正道　惠棟挍宋本無此五字

靖共爾位好是正直者　惠棟挍宋本同閩監毛本共作恭○按詩鄭箋共訓具則非恭

字可知

靖謀共其爾之祿位　閩監毛本同考文引宋板其作具

證上民情不二　閩監毛本同惠棟挍宋本二作貳

子曰上人疑節

臣儀行　閩監本石經岳本嘉靖本衛氏集說同釋文出臣儀行毛本行誤刑

言臣義事君則行也　閩監毛本同惠棟挍宋本事下無君字宋監本岳本嘉靖本衛氏集說同

上帝板板　各本同石經同釋文出版版云注同○按版板古今字

下民卒癉　閩監本石經岳本嘉靖本衛氏集說同毛本卒誤作釋文出卒亶云本亦作癉

惟王之邛　各本同坊本惟作維

子曰政之不行也節

敬明乃罰 各本同毛本明誤民疏敬明乃罰者同

子曰至不迪 惠棟按宋本無此五字

証重刑之義也 惠棟按宋本此下標禮記正義卷第六十二終記云凡二十九頁

子曰大臣不親節 惠棟云子曰大臣節子曰小人溺於水節宋本合爲一節○惠棟按宋本自此節起至子曰南人有言曰止爲第六十三卷卷首題禮記正義卷第六十三

圖以謀也 閩監本同毛本以作亦岳本嘉靖本衛氏集說同惠棟按宋本宋監本同

賤者無一德也 閩監毛本同惠棟按宋本一作壹宋監本岳本嘉靖本衛氏集說同考文引足利本同

若已弗克見 惠棟按宋本作已石經同釋文同岳本同衛氏集說同此本已誤巳閩監毛本嘉靖本同

子曰至由聖 惠棟按宋本無此五字

與上相親比故也惠棟挍宋本作故此本故誤政閩監毛本同衞氏集說故字無

子曰小人溺於水節

言水人所沐浴自潔清者嘉靖本閩監毛本同岳本自上有而字釋文潔作絜○按絜潔正俗字

則遂扞格不入閩監毛本岳本嘉靖本衞氏集說同考文引古本扞作捍釋文出捍格○按說文有扞無捍

難卒告諭閩監毛本岳本嘉靖本同釋文出難卒衞氏集說難卒作卒難案疏亦作卒難

太甲曰毋越厥命閩監毛本嘉靖本衞氏集說同石經太作大岳本同釋文同下太甲同

往省括于厥度則釋閩監毛本岳本嘉靖本衞氏集說同石經闕石經考文提要云坊本無厥字案釋文出于厥度云尚書無厥字則此有厥字可證宋大字本宋九經南宋巾箱本余仁仲本劉叔剛本並有厥字

天作孽閩本嘉靖本石經釋文衞氏集說同毛本孽作孼岳本同監本誤蘖下自作孽同

不可以逭各本同石經同釋文出不可以逭云本又作逭○按逭正字逭俗字

惟尹躬天見于西邑夏各本並同坊本天作先依注改

多爲水所覆閩監毛本同惠棟挍宋本覆下有沒字

伊尹戒大甲辭閩監毛本同惠棟挍宋本辭上有之字

亦可從移辟災閩監毛本同考文引宋板從作徙

若脩德行善則能終閩監毛本同惠棟挍宋本終下有也字

得諸傅岩閩監毛本同惠棟挍宋本岩作巖

以天字與先者補按六字誤衍

並云禹都咸陽正當亳西也閩監毛本同齊召南云咸陽當作陽城後漢書郡國

志注引汲冢書曰禹都陽城是也陽城對偃師言則亦爲西矣

子曰民以君爲心節

身必安之 閩監本石經岳本嘉靖本衞氏集說同毛本必誤心

君雅曰節

資冬祁寒 惠棟按宋本作祁宋監本石經岳本同此本祁誤祈嘉靖本閩監毛本同釋文出祁寒石經考文提要云宋大字本南宋巾箱本並作祁注祁寒放此疏同

子曰至曰怨 惠棟按宋本無此五字

此論君人相須 閩監毛本同衞氏集說人作民

今此本作資字 閩監毛本同惠棟按宋本無字字

子曰下之事上也節

政教當由一也閩監毛本嘉靖本衛氏集說同惠棟挍宋本一作壹宋監本岳本同疏則義不一行當由一也放此

子曰至一也惠棟挍宋本無此五字

亦質少而親之閩監本同惠棟挍宋本少作守毛本同

其威儀齊一也閩監毛本同考文引宋板一作壹下齊一同

子曰唯君子能好其正節

子曰至好仇惠棟挍宋本無此五字

子曰輕絕貧賤節

子曰至威儀惠棟挍宋本無此五字

是好賢不堅惡而富貴閩本同衛氏集說同惠棟挍宋本同監毛本惡譌也

子曰苟有車節

葛覃曰 各本同石經同釋文覃作蕈

服之無射 各本同石經同釋文無作毋

令君子服之無厭 閩監本嘉靖本同毛本令誤今岳本同釋文出令君子云力呈反

子曰至無射 惠棟挍宋本無此五字

證人之所行終須有效也 閩本同惠棟挍宋本同監毛本行誤以

子曰言從而行之節

尚可磨也 各本同石經同釋文磨作摩○按摩正字磨俗字

昔在上帝 惠棟挍宋本宋監本石經岳本嘉靖本同考文引古本足利本同閩監毛本昔在二字倒衞氏集說同石經考文提要云宋大字本宋本九經南宋巾箱本余仁仲本劉叔剛本並作昔在

今博士讀爲厥亂勸寧王之德閩監毛本岳本嘉靖本同段玉裁挍云宋監本無之字

子曰至厥躬惠棟挍宋本本無此五字

三者謂此禮記及古文尚書閩監毛本同惠棟挍宋本三者謂三字作元謂二字

禮尚書猶爲割閩監毛本作禮浦鏜挍云禮當孔字之誤案此本禮作礼與孔字形相近

子曰南人有言曰節

毋與惡德之人也閩監毛本嘉靖本同惠棟挍宋本宋監本毋作無岳本同衞氏集說同釋文出毋予云音無

問正爲偵惠棟挍宋本作正岳本嘉靖本同考文引古本足利本同此本正誤不閩監毛本同衞氏集說作問正於人爲偵

子曰至子凶　惠棟挍宋本無此五字

此尚書傳說告高宗之辭　閩監本同毛本傳誤傅

其事則○煩事煩則致亂也　按閩監本衞氏集說此本事則下○衍毛本事則下空闕亦非也

附釋音禮記注疏卷第五十五　宋監本禮記卷第十七經四千一百一十六字注四千六百十一字嘉靖本禮記卷第十七經四千一百一十八字注四千六百四字

禮記注疏卷五十五挍勘記

附釋音禮記注疏卷第五十六

奔喪第三十四

○陸曰鄭云奔喪者居於他邦聞喪奔歸之禮實曲禮之正篇也

疏正義曰案鄭目錄云名曰奔喪者以其居他國聞喪奔歸之禮此於別錄屬喪服之禮矣實逸曲禮之正篇也漢興後得古文而禮家又貪其說因合於禮記耳奔喪禮屬凶禮也鄭云逸禮者漢書藝文志云漢興始於魯淹中得古禮五十七篇其十七篇與今儀禮正同其餘四十篇藏在祕府謂之逸禮其投壺禮亦此類也又六藝論云漢興高堂生得禮十七篇後孔子壁中得古文禮五十七篇其十七篇與前同而字多異以此言之則此奔喪禮十七篇外既謂之逸何以下文鄭注又引逸奔喪禮似此奔喪禮外更有逸禮者但此奔喪禮對十七篇爲逸禮內錄入於記其不入於記者又比此爲逸也故二逸不同其實祇是一篇也此奔喪一篇兼天子諸侯然以士爲主故鄭下文注云未成服者素委貌是士之所服故知以士爲主也

禮記　鄭氏注　孔穎達疏

奔喪之禮始聞親喪以哭荅使者盡哀問故親父母也以哭荅使者驚怛之哀無辭也問故問親喪所由也雖非父母聞喪而哭其禮亦然也○奔喪此正字也說文云從哭亡亡亦聲也哭空木反使色吏反注同怛都達反又哭盡哀【疏】奔喪至盡哀○正義曰此一篇揔明奔五服之喪也從始聞至於喪所成服之節今各隨文解之此一節論初聞之節五服皆然故鄭注云雖非父母聞喪而哭其禮亦然鄭必知五服皆然者以下文云日行百里不以夜行唯父母之喪見星而行別云唯父母則知以前兼五服也

遂行日行百里不以夜行雖有哀戚猶辟害也晝夜之分別於昬明哭則遂行者不爲位○辟音避分扶問反又方云反別彼列反唯父母之喪見星而行見星而舍侵晨冒昬彌益促也言唯著異也○冒亡北反又亡報反著張慮反若未得行則成服而后行謂以君命有爲者也成喪服得行則行○爲于僞反一音如字過國至竟哭盡哀而止感此念親○竟音境下同哭辟

市朝爲驚衆也○辟音避朝直遥反爲于僞反望其國竟哭斬衰者也自是哭且遂行○衰七雷反後皆同【疏】遂行至竟哭○正義曰此一節論奔喪在路至其國竟奔赴之節○若未得行則成服而后行者此奉君命而使使事未了不可以己私喪廢於公事故成服以俟君命則人代已也○注成喪服得行則行○正義曰鄭云此者恐成成服之後即便得行故明之云若成服已後得行則可行若未得行即不可行○注感此念親○正義曰案聘禮云行至他國竟上而誓衆使次介假道是國竟行禮之處去時親在今返親亡故哭盡哀戚感此念親也凡聞喪若聞父母之喪其哭之不離聞喪之處不得爲位即奔之也若有君命未得奔喪者雖父母之喪既聞喪而哭又爲位更哭也○注斬衰者也自是哭且遂行○正義曰以下云齊衰望鄉而哭大功望門而哭則知斬衰望其國竟而哭且遂行雖云斬衰其實母之齊衰亦然也至於家入門左升自西階殯東西面坐哭盡哀括髮袒括髮袒者去飾也未成服者素委貌深衣已成服者固自喪服矣○括古活反袒徒旱反去羌呂反降堂東即位西鄉哭成踊

已殯者位在下○鄉許亮反下西鄉同襲經于序東絞帶反位拜賓成踊襲服衣也不於又哭乃經者發喪已踰日節於是可也其未小斂而至與在家同耳不散帶者不見尸柩凡拜賓者就其位既拜反位哭踊○絞古卯反下同徐戶交反成踊音勇散悉但反送賓反位有賓後至者則拜之成踊送賓皆如初衆主人兄弟皆出門出門哭止闔門相者告就次次倚廬也○闔戶臘反相息亮反下相者皆同倚於綺反於又哭括髮袒成踊於三哭猶括髮袒成踊又哭至明日朝也三哭又其明日朝也皆升堂括髮袒如始至必又哭三哭者象小斂大斂時也雜記曰士三踊其夕哭從朝夕哭不括髮不袒不踊不以爲數○不以數也色主反本亦作不以爲數數色具反三日成服拜賓送賓皆如初三日三哭之明日也既哭成其服喪服杖於序東

〔疏〕至於至如初○正義曰此一節明父母之喪奔至於家哭及袒踊成服之

節明父母之喪奔入中門之左也○升自西階者曲禮云爲人子者升降不由阼階今父母新死未忍異於生故不忍當阼階也故升自西也括髮袒者喪已經日不笄纚故即括髮袒也若尋常在家親始喪則笄纚至明日小斂畢乃括髮此所奔者謂主人也故下云奔喪者非主人則主人爲之拜賓此既親拜賓故知主人也此謂奔父之喪若母之喪又哭則免此下文云又哭括髮袒故知爲父也此謂未成服也故下云三日成服○襲絰于序東者謂在堂下當序牆之東非謂堂上之序東也○送賓皆如初者謂前送賓畢而反位後送賓亦畢而反位故云皆如初也於又哭括髮袒成踊於三哭猶括髮袒成踊者括髮袒皆在堂上殯東西面成踊則在堂下之東西面位也○三日成服拜賓送賓皆如初者謂於堂下之東拜賓成踊送賓反位故云皆如初也○注未成服者素委貌深衣○正義曰知素委貌深衣者案曾子問篇云壻親迎女在塗遭喪女改服布深衣縞總女人之縞總似男子之素冠故知布深衣素冠又小記云遠葬弁者比反哭者皆冠及郊而後免明知在路皆冠也此素委貌謂士庶人若大夫已上則素弁也○注云已殯者位在下○正義曰案士喪禮小斂訖降自西階即位故知殯畢位在下小斂之後未殯之前雖降在堂下仍更升堂至既殯之後則長在阼階之下故云既殯位在

下也○注襲服至哭踊○正義曰云不於又哭乃絰者案士喪禮小斂訖奉尸侇于堂降成踊乃絰於序東在家小斂當奔之禮又哭既小斂著絰則合又哭乃絰故云不於又哭乃絰者發喪已踰日節於是可也云其未小斂而至與在家同耳者謂威儀節度與在家同其帶絰等自用其奔喪日數也云不散帶者不見尸柩者以士喪禮云既小斂帶絰散麻三日乃絞垂今奔喪初至則絞帶與在家異故云不散麻者不見尸柩也知此絞帶非象革帶之絞帶而必以爲絰之散垂而絞之者以雜記云親者終其麻帶絰之日數彼帶絰謂絰之垂者是主人成絰之後明知此絞帶亦謂絰之散垂而絞之故不以爲象革帶之絞帶也且要帶爲重象革帶之絞帶爲輕此絞當舉重者不應舉輕之絞帶故以爲絞絰之垂者注又哭至爲數○正義曰知又哭三哭皆升堂括髮袒者約士喪禮小斂大斂主人皆升堂故知此皆升堂也引雜記云士三踊其夕哭從朝夕哭不括髮不袒不踊者彼云三踊夕無踊唯稱三踊此云三哭而不踊故知夕雖哭而不踊故數夕哭但云三哭不袒者以小記篇云三日五哭三袒既云三袒故知夕不袒也○注既哭成其喪服杖於序東○正義曰知在序東者約士喪禮文

○奔喪者非主人則主人爲之拜賓

送賓奔喪者自齊衰以下入門左中庭北面哭盡哀免麻于序東即位袒與主人哭成踊不升堂哭者非父母之喪統於主人也麻亦絰帶也於此言麻者明所奔喪雖有輕者不至喪所無改服也凡袒者於位襲於序東袒襲不相因位此麻乃袒變於爲父母也○爲于僞反注變於爲父下注爲母皆同齊音咨下同免音問下及注皆同於又哭三哭皆免袒有賓則主人拜賓送賓又哭三哭亦入門左中庭北面如始至時也丈夫婦人之待之也皆如朝夕哭位無變也待奔喪者無變嫌賓客之也於賓客以哀變爲敬此骨肉哀則自哀矣於此乃言待之明奔喪者至三哭猶不以序入也【疏】奔喪至變也○正義曰此一節明奔齊衰以下之喪○注不升至母也○正義曰不升堂哭者非父母之喪統於主人者解前文奔喪升自西階此云中庭北面故云不升堂哭者非父母之喪統屬於主人以主人待奔之人但在東階之下不升堂故奔喪者在中庭北面繼統於主人

也主人唯饋奠有事之時乃升堂若尋常無事恒在堂下也下文云奔母之喪則前經升自西階者是奔父之喪此云奔母之喪者其實奔父母喪亦升自西階故下經奔母之喪直云西面哭不云升從上文也云於此言麻者明所奔喪雖有輕者不至喪所無改服也者熊氏及沈氏以父母之喪來至喪所乃改服襲經帶若齊衰以下之喪亦至喪所乃免麻而改服也今此齊衰來至喪所若不稱麻恐是輕喪在路之上已改服著麻故於此至家乃稱麻欲明所奔之喪雖有輕喪不來至喪所無道路之上改服著麻故云明所奔喪雖有輕者不至喪所無改服也皇氏以爲謂奔齊衰之喪不至喪所謂不升堂全不解注意其義非也此麻則帶經變文耳云凡袒者於位襲於序東袒襲不相因位者此奔齊衰之喪經云免麻于序東即位袒是袒在於位也免麻于序東麻即襲也序東在位北隱映於序是袒襲不相因位也云此麻乃袒變於爲父母也者以此經先云免麻乃云即位袒案上文父母之喪先云括髮袒乃云襲經于序東是與父母異也故云此麻乃袒變於爲父母也○注又哭至時也○正義曰鄭知又哭三哭如始至時者以上奔父之喪又哭三哭皆括髮袒成踊如初至則知齊衰以下之喪又哭三哭皆如初至時○注待奔至入也○正義曰待奔喪者無變嫌賓客之者釋所云

不變義也禮以變爲敬若有客則拜賓與之成踊示敬賓故變也今此奔者是骨肉之恩哀則哀矣則不須爲變明不加賓客也云於此乃言待之明奔喪者至三哭猶不以序入也者言主人男女待此奔者應就初哭成踊下而言之今方於三哭以後言之者若平常五屬入哭則與主人爲次重者前輕者後今奔喪者急哀但獨入哭不俟主人爲次序非唯初至如此至主人又哭三哭皆然故於三哭之下明其待之無變明悉如初至三哭猶不以常禮次序以入此謂男子奔喪故待之無變若婦人奔喪則待異於男子與賓客同故下文婦人奔喪東髽即位與主人拾踊注云拾更也主人與之更踊賓客之是待婦人爲賓客禮以婦人外成適他族故也雖以賓客待之亦爲異於賓客之禮故雜記云婦人奔喪入自闈門升自側階注入自闈門升自側階異於女賓若女賓則喪大記篇云寄公夫人入自大門今此入闈門是異於女賓以婦人雖是外成以奔夫屬不得全同女賓故也

奔母之喪西面哭盡哀括髮袒降堂東即位西鄉哭成踊襲免絰于序東拜賓送賓皆如奔父之禮於又哭不

括髮為母於又哭而免輕於父也其他則同○而免本或作而不免者非〔疏〕奔母至括髮正義曰此一經論奔母之喪節也此謂適子故經云拜賓送賓皆如奔父之禮若庶子則亦主人為之拜賓送賓○注為母於又哭而免輕於為父也○正義曰此文又哭不括髮與喪服小記篇云又哭而免其理雖同其日則異於喪服小記據在家小斂之後又哭之時不括髮而免也此則從外奔喪至內乃不括髮而免也○婦人奔喪升自東階殯東西面坐哭盡哀東髽即位與主人拾踊婦人謂姑姊妹女子子也東階東面階也婦人入者由闈門東髽髽於東序不髽於房變於在室者也去纚大紒曰髽拾更也主人與之更踊賓客之○髽側瓜反拾其劫反注同闈音違舊音暉去起呂反纚色買所綺二反紒音計更音庚下同〔疏〕婦人至拾踊○正義曰此婦人奔喪之禮也注婦人至客之○正義曰婦人入者由闈門知入自闈門者雜記篇云以諸侯夫人奔喪入自闈門明卿大夫以下婦人皆從闈門入也闈門謂東邊之門云髽於東序者以男子之免在東序故知婦人亦髽於東序[illegible]掩映之處在堂上也男子則堂下也經云升自東階者謂東面之階

故雜記云升自側階云不髽於房變於在室者熊氏云亦未殯之前婦人髽於室故士喪禮云婦人髽於室若既殯之後室中是神之所處婦人在堂當髽於東房今此婦人始來奔喪故髽於東序耳此文據天子諸侯之禮案大記云婦人髽帶麻于房中○注云天子諸侯之禮房中則西房也云去纚大紒曰髽者鄭注士喪禮云髽之異於髻髮者既去纚而以髮爲大紒如今婦人露紒其象也

奔喪者不及殯先之墓北面坐哭盡哀主人之待之也即位於墓左婦人墓右成踊盡哀括髮東即主人位絰絞帶哭成踊拜賓反位成踊相者告事畢主人之待之謂在家者也哭於墓爲父母則袒告事畢者於此後無事也○相息亮反下同爲于僞反

遂冠歸入門左北面哭盡哀括髮袒成踊東即位拜賓成踊賓出主人拜送有賓後至者則拜之成踊送

賓如初衆主人兄弟皆出門出門哭止相者告就次於又哭括髮成踊於三哭猶括髮成踊三日成服於五哭相者告事畢又哭三哭不袒者哀戚已久殺之也逸奔喪禮說不及殯日於又哭猶括髮即位不袒告事畢者五哭而不復哭也成服之朝爲四哭此謂既期乃後歸至者也其未期猶朝夕哭不止於五哭○冠音官袒音但殺色界反下哀殺同復扶又反期音基下同爲母所以異於父者壹括髮其餘免以終事他如奔父之禮壹括髮謂歸入門哭時也於此乃言爲母異於父者明及殯不及殯其異者同○爲于僞反注及下爲父同【疏】奔喪至之禮○正義曰此一節論既葬之後奔父母之喪禮○主人之待之也即位於墓左婦人墓右者主人謂先在家者非謂適子也此奔喪者自是適子故經云拜賓反位成踊若非適子則不得拜賓也○三日成服於五哭相者告事畢者三日成服謂來奔喪日後三日通奔日則爲四日於此日成服則五哭矣相者告

事畢謂成服之日爲四哭成服明日之朝爲五哭此謂既葬
已後而來歸故唯五哭相者告事畢不復哭也○注主人至
事也○正義曰鄭注嫌經云主人是適子故云主人謂在家
者必知然者以奔喪者親自拜賓是奔喪者身爲主人不得
待者爲主人故云謂在家者也云哭於墓爲父母則祖者以
下文云除喪而后歸則之墓哭成踊東括髮袒除喪畢尙括
髮袒明葬後歸爲父母袒可知也云告事畢者於此後無事
也釋所以墓所初哭成踊則告事畢者以墓所既括髮絰絞
帶拜賓之後於此墓所更無事也○注又哭至五哭○正義
曰又哭三哭不袒者哀感已久殺之也今經云又哭三哭但
云括髮不云袒者既葬已後哀情稍殺故也云成服之朝爲
四哭者以初至象始死爲一哭明日象小斂爲二哭又明日
象大斂爲三哭又明日成服之日爲四哭又明日爲五哭皆
數朝哭不數夕哭故爲五也云此謂既期乃後歸至者也若
其未期之前在家者猶朝夕哭則知奔喪者亦朝夕哭今云
五哭相者告事畢明是既期已後朔望朝哭而已故鄭云其
未期猶朝夕哭不止於五哭也○注壹括至者同○正義曰
壹括髮謂婦入門哭時者鄭恐壹括髮是墓所括髮入門則
不括髮故明之云壹括髮謂入門哭時者謂以筵几在堂不
應入門遂不括髮故云謂入門時也云於此乃言爲母異於

父者明及殯不及殯其異者同釋爲母異於父應從上文及殯奔母之喪而言之今乃於不及殯後始言爲母異於父之意若及殯則言異於父恐不包不及殯若不及殯處而言之則及殯之處灼然可知是舉後摠明前也故云明及殯不及殯其異者同謂及殯壹括髮不及殯亦壹括髮是異於父者其事同也齊衰以下不及殯先之墓西面哭盡哀不北面者亦統於主人免麻于東方即位與主人哭成踊襲有賓則主人拜賓送賓賓有後至者拜之如初相者告事畢不言袒言襲者容齊衰親者或袒可遂冠歸入門左北面哭盡哀免袒成踊東即位拜賓成踊賓出主人拜送於又哭免袒成踊於三哭猶免袒成踊三日成服於五哭相者告事畢爲父於又哭括髮而不袒此又哭三哭皆言袒袒衍

字也〔疏〕齊衰至事畢。○正義曰此一節明既葬之後奔齊衰以下喪禮但齊衰以下有大功小功緦麻日月多少不同若奔在葬後而三月之外大功以上則有免麻東方三日成服若小功緦麻之喪則不得有三日成服小功以下不稅無追服之理若葬後逼葬前未滿五月小功則亦三日成服其緦麻之喪止臨喪節而來亦得三日成服也東即位拜賓成踊者東即位謂奔喪者於東方就哭位拜賓謂主人代之拜賓成踊謂奔喪者於主人拜賓之時而成踊凡言成踊每一節有三踊凡三節九踊乃謂之成也。○注不言袒言襲者容齊衰親者或袒可。○正義曰今案經文直言免麻于東方即位不稱袒而下云成踊襲下既稱襲則有袒理經若言袒恐齊衰以下皆袒故不得揔言袒也經稱襲者容有齊衰重爲之得襲故言襲。○注爲父至字也。○正義曰知爲父於又哭括髮而不袒者案上文爲父不及殯婦人門左北面哭盡哀括髮袒下文云相者告就次於又哭括髮成踊不言袒是爲父於又哭括髮而不袒也云又哭三哭皆言袒袒衍字也者今齊衰以下之喪經文於又哭三哭乃更言袒輕喪而袒非其宜故知經之袒衍餘之字也

聞喪不得奔喪哭盡哀問故又哭盡哀乃爲位括

髮袒成踊襲絰絞帶即位聞父母喪而不得奔謂以君命有事不然者不得爲位位有鄰列之處如於家朝夕哭位矣不於又哭乃絰者喪至此踰日節於是可也○鄭子短反處昌慮反下之處同拜賓反位成踊賓出主人拜送于門外反位若有賓後至者拜之成踊送賓如初於又哭括髮袒成踊於三哭猶括髮袒成踊三日成服於五哭拜賓送賓如初不言就次者當從其事不可以喪服廢公職也其在官亦告就次言五哭者以迫公事五日哀殺亦可以止

〔疏〕聞喪至如初○正義曰此一節明聞喪不得奔於所聞之處發喪成服之禮○聞喪不得奔者謂以君命有事其事未了故不得奔喪也乃爲位者謂以君命使故得爲位如朝夕哭位矣○襲絰絞帶即位者於此聞喪之日覆哭踊畢襲所袒之衣著首絰絞帶之垂即東方之位○三日成服於五哭拜賓送賓如初者三日成服服通數聞喪爲四日五哭謂成服之明日哭也於此哭時有賓來即拜而迎之

去即送之皆如初於五哭訖亦可以止者也不云相者告事畢禮文略也。注聞父至可也。正義曰知聞父母喪而不得奔謂以君命有事者若非君命有事則不得爲位當須速奔今乃爲位故知以君命有事也云不於又哭乃經者喪至此踰日節於是可也者不於又哭謂不於明日之又哭此經云又哭謂當日之中對初聞喪之哭乃爲又哭於此哭後乃經絞帶與明日又哭別也初聞喪象始死明日又哭象小斂時也士喪禮云小斂乃經則此亦當又哭乃經今於聞喪之日即經帶者以喪至此赴者至踰其日節故於是聞喪之日可加經帶也。注其在至以止。正義曰在官謂在官府館舍館舍是賓之所專有由館舍之中而作廬故知禮畢亦告就次云言五哭者以迫公事五日哀殺亦可以止者此經唯云五哭不云哀止知可以止者若成服之後恒常有哭何須特云五哭之文明五哭之後不復朝夕有哭故以五哭斷之

若除喪而后歸則之墓哭成踊東括髮袒經拜賓成踊送賓反位又哭盡哀遂除於家不哭東東即主人位如不及殯者也遂除除於墓而歸主人之待之也無變

於服與之哭不踊無變於服自若時服也亦即位于墓左婦人墓右〔疏〕若除至不踊。正義曰此一節明除服之後奔父母喪節則之墓哭成踊者亦謂主人適子初在墓南北面哭成踊乃來就主人之位括髮袒也。主人之待之也無變於服者主人亦謂在家者無變於服謂著平常之吉服不踊者以在家者其服已除哀情已殺故不踊也。注東東至而歸。正義曰以東方是主人之位經云東故云即主人之位云如不及殯者也以上文奔父母之喪不及殯先之墓北面哭下文東即主人之位除喪之後奔其位如不及殯之時云遂除於墓而歸者以經云遂除於家不哭鄭恐來至家始除服故明之云遂除謂墓所遂除服至於家不復哭也

自齊衰以下所以異者免麻〔疏〕自齊至免麻。正義曰此一節明齊衰以下除服之後奔喪之節唯著免麻不括髮墓所哭罷即除此免麻者當謂至緦麻也

凡爲位非親喪齊衰以下皆即位哭盡哀而東免絰即位袒成踊謂無君事又無故可得奔喪而以已私未奔者也。父母之喪則不爲位其哭之不離聞喪之處齊衰以下

更爲位而哭皆可行乃行。離力智反 襲拜賓反位哭成踊送賓反位相者告就次三日五哭卒主人出送賓衆主人兄弟皆出門哭止相者告事畢成服拜賓 卒猶止也三日五哭者始聞喪訖夕爲位乃出就次一哭也與明日又明日之朝夕而五哭不五朝哭而數朝夕備五哭而止亦爲急奔喪已私事當畢亦明日乃成服凡云五哭者其後有賓亦與之哭而拜之。之朝朝且也下同數色主反爲于僞反 若所爲位家遠則成服而往 謂所當奔者外喪也外喪緩而道遠成服乃行容待齎也。齎子西反資糧也一音咨 疏 凡爲至而往。正義曰此一節明齊衰以下不得往奔則於所聞之處爲位及免經成服之禮。三日五哭者謂初聞喪爲一哭明日朝夕二哭又明日朝夕二哭揔爲五哭所以三日爲五哭者爲急欲奔喪以已之私事須營早了故三日而五哭止也。注謂無至乃行。正義曰已聞齊衰以下之喪既不銜君事又無私事故可得早奔唯以已之私事未得奔者必知無君事者若銜君命於事爲重唯父母之喪乃敢顯然爲鄰列之位今若銜君使命聞齊衰以下輕喪不敢以私害公不敢顯然爲位此言爲位故知無君命自以私事未得奔者云齊衰以下更爲位而哭皆可行乃行者齊衰以下於聞喪之處已哭哭罷更爲位而哭可行即行以齊衰以下皆然故云皆也。注數朝至拜之。正義曰前云三日成服於五哭皆數朝哭五日而五哭唯三日數夕哭爲五哭者前文三日五哭成服之後乃云五哭故數成服後日之哭乃爲五此三日五哭是三日之內爲五哭故數夕哭爲五哭經文不同故鄭注亦異云亦明日乃成服者鄭恐三日爲五哭恐數聞喪三日亦成服故云明日乃成服以成服必除初聞喪爲三日也云凡云五哭者其後有賓亦與之哭而拜之者從上以來四處有五哭之文上兩處於五哭之下無拜賓送賓之事下兩處五哭之文雖有拜賓送賓恐與上有異故鄭摠明之云凡云五哭者其後有賓亦與之哭而拜之摠結於上也。注外喪緩而道遠成服乃行容待齎也正義曰以外喪恩輕故哀情緩也道路又遠容待齎持賵賻之物故成服乃去也

齊衰望鄉而哭大功望門而哭小功至門而哭緦麻即位而哭奔喪哭親疏遠近之差也。差初佳反又

初宜反下同〔疏〕齊衰至而哭○正義曰此一節明奔喪所至之處哭泣之禮案雜記云大功望鄉而哭此云望門而哭者雜記所云者謂本齊衰喪者降服大功哭父之黨於廟母妻之黨於寢師於廟門外朋友於寢門外所識於野張帷此因五服聞喪而哭列人恩諸所當哭者也黨謂族類無服者也逸奔喪禮曰哭父族與母黨於廟妻之黨於寢朋友於寢門外壹哭而已○不踊言壹哭而已則不爲位矣凡爲位不奠以其精神不在乎是哭天子九諸侯七卿大夫五士三此臣聞君喪而未奔爲位而哭尊卑日數之差也士亦有屬吏賤不得君臣之名大夫哭諸侯不敢拜賓謂哭其舊君不敢拜賓辟爲主○辟音避諸臣在他國爲位而哭不敢拜賓謂大夫士使於列國○使色吏反與諸侯爲兄弟亦爲位而哭族親昏姻在異國者凡爲位者壹袒謂於禮正可爲位而

哭也始聞喪哭而袒其明日則否父母之喪自若三袒也【疏】哭父至壹袒○正義曰此一節明無服之親聞喪所哭之處案檀弓云師吾哭諸寢與此異兄弟吾哭諸廟與此同朋友哭諸寢門外與此同其不同者熊氏云檀弓所云殷禮也此所云周法也此哭父黨於廟而檀弓云有殯聞遠兄弟之喪哭於側室若無殯則在寢與此不同者異代禮也此母黨在寢逸奔喪禮母黨在廟者皇氏云母存則哭於寢母亡則哭於廟熊氏云哭於廟者是親母黨哭於寢者蓋慈母繼母之黨未知孰是故兩存之沈氏云事由父者哭之廟事出已者則哭之寢此師於廟門外者是父之友與爲師同故哭之廟義亦通也○注壹哭而已則不爲位矣○正義曰此明諸哭者本是無服故但哭不爲位案檀弓云申祥之哭言思與哭嫂同爲位者熊氏云異代禮也此文朋友喪將欲奔故先作一哭若朋友已久雖聞喪則不復哭故檀弓云朋友之墓有宿草而不哭是也○注謂哭其舊君不敢拜賓辟爲主○正義曰知哭舊君者以下文云諸臣在他國爲位而哭是於他國爲位而哭見事之君則知此是哭諸舊君也○注族親婚姻在異國者○正義曰此謂與諸侯異姓之昏姻又在他國不與諸侯爲臣身又無服故暫爲位而哭若與諸侯同姓是五服之內皆服斬也故小記云與諸侯爲兄弟者服

斬是也若君之姑姊妹之女來嫁於國中者則有服故雜記云諸侯之外宗猶內宗是有服也○注謂於至袒也○正義曰此謂斬衰以下之喪初聞喪應爲位者初哭一袒而已又哭三哭則不袒爲父母之喪則又哭三哭皆袒前文所云者是也

所識者弔先哭于家而後之墓皆爲之成踊從主人北面而踊

從主人而踊拾踊也北面自外來使也主人墓左西面○爲于僞反下注各爲同拾其劫反便婢面反

〔疏〕所識者至而踊○正義曰此一節論哭所識者也所識謂與死者相識今弔其家後乃往墓統於主人故也皆爲之成踊者雖相識輕亦爲之成踊也皆賓主治之○從主人北面而踊者主人在墓左西鄉賓從外來而北面踊便也主人先踊賓從之故云從主人北面而踊也

凡喪父在父爲主

與賓客爲禮宜使尊者

父沒兄弟同居各主其喪

各爲其妻子之喪爲主也祔則宗子主之○祔音附

親同長者主之

父母沒如昆弟之喪宗子主之○長丁丈反如若也

不同親者主之

從父昆弟之後

〔疏〕凡喪至主之○正義曰此一

節論同居主喪之事○凡喪父在父為主者言子有妻子喪則其父為主案服問云君所主夫人妻大子適婦不云主庶婦若此所言則亦主庶婦是與婦問違者服問所言通其命士以上父子異宮則庶子各自主其私喪今此言是同宮者也○父沒兄弟同居各主其喪者謂各為其妻子為喪主也此言父沒同居各主之當知父在同居則父主之○親同長者主之者親同謂同三年朞同父母者若同父母喪者則推長子為主若昆弟喪亦推長者為主也○不同親者主之者不同謂從父昆弟親近自主之也

聞遠兄弟之喪既除喪而后聞喪免袒成踊拜賓則尚左手小功緦麻不稅者也雖不服猶免袒尚左手吉拜也逸奔喪禮曰凡拜吉喪皆尚左手○稅吐外反〔疏〕聞遠至左手○正義曰此一經論小功以下之喪既除喪之後而始聞喪之節○免袒成踊者小功以下應除之後服雖不稅而初聞喪亦免袒而成其踊也以本是五服之親為之變也○拜賓則尚左手者於時有賓來弔拜賓之時尚其左拜謂左手在尚從吉拜也

無服而為位者唯嫂叔及婦人降而無服者麻雖無服猶弔服

加麻袒免爲位哭也正言嫂叔尊嫂也兄公於弟之妻則不能也婦人降而無服族姑姊妹嫁者也逸奔喪禮曰無服袒免爲位者唯嫂與叔凡爲其男子服其婦人降而無服者麻。嫂悉早反凡爲于僞反下注同

〔疏〕無服至者麻。正義曰此經論哭無服而爲位及弔服加麻也。及婦人降而無服者麻哭嫂與叔爲位并及族姑姊妹女子出嫁於人元是緦麻今降而無服亦當爲位哭之加弔服之麻不爲之袒免故云無服者麻也。注雖無至者麻。正義曰以經云無服者麻既無服又云麻故知弔服加麻也。麻謂緦之經也云兄公於弟之妻則不能也者兄公謂夫之兄也於弟之妻則不能爲位哭之然則弟婦於夫兄亦不能也兄公於弟妻不服者卑遠之也弟妻於兄公不服者尊絶之也爾雅釋親云婦人謂夫之兄爲兄公郭景純云今俗呼兄鍾語之轉耳今此記俗本皆女旁置公轉誤也皇氏並云婦人稱夫之兄爲公者須公平尊稱也云凡爲其男子服其婦人降而無服者麻者此是逸奔喪禮文言凡爲其男子服其婦人降而無服者麻男子謂族伯叔族兄弟之等爲其族姑及姊妹既降無服其族姑□□□□□□□其族姑姊爲族伯叔兄弟亦無服加麻是男之於女女之於男皆無服而加麻故云凡爲其男子服其婦人降而無服者麻也

凡奔喪

有大夫至袒拜之成踊而后襲於士襲而后拜之主人袒降哭而大夫至因拜之不敢成已禮乃禮尊者或曰大夫後至者袒拜之爲之成踊。〔疏〕凡奔至至拜之。正義曰此經論奔喪大夫士來弔待之節。大夫至袒拜之成踊而后襲者謂大夫來至弔此奔喪之士其奔喪者先袒拜之成踊之后然後襲衣尊大夫故先拜而後襲於士襲而後拜之者謂士來弔此奔喪之人其奔喪者初亦袒襲衣之後乃始拜之士卑故先襲而後拜也。注主人至成踊。正義曰此士人謂奔喪者身是士初來奔喪主人括髮於堂上乃降堂而哭於此時大夫至因拜之於東階下不敢成已踊及襲経帶之事待拜後始成踊襲経帶也若士來弔則降堂先成已禮踊襲経帶之後乃拜之士謂兩士相敵然則與兩大夫相敵則亦襲後乃拜之云或曰大夫後至者袒拜之爲之成踊者以此經袒云袒拜之成踊其餘經本云大夫後至袒拜之爲之成踊與此經文字多少不同故云或曰

問喪第三十五

。陸曰鄭云問喪者善其問以知居喪之禮所由也〔疏〕正義曰案

鄭目録云名曰問喪者以其記善問居喪之禮所由也此於别録屬喪服也

鄭氏注　孔穎達疏

親始死雞斯徒跣扱上衽交手哭惻怛之心痛疾之意傷腎乾肝焦肺水漿不入口三日不舉火故鄰里爲之糜粥以飲食之親父母也雞斯當爲笄纚聲之誤也親始死去冠二日乃去笄纚括髮也今時始喪者邪巾貊頭笄纚之存象也徒猶空也上衽深衣之裳前五藏者腎在下肝在中肺在上舉三者之焦傷而心脾在其中矣五家爲鄰五鄰爲里○雞斯依注爲笄纚笄音古兮反纚色買反徐所綺反跣悉典反扱初洽反衽而鴆反又而甚反注同怛都達反腎市軫反乾肝並音干肺芳廢反漿本亦作粱子羊反饔武皮反本亦作糜同粥之六反字林與六反云淖糜也飲音蔭食音嗣去冠起呂反耶似嗟反亦作邪袹亡聘反本亦作貊藏才浪反脾婢支反

夫悲哀在中故形變於外也

痛疾在心故口不甘味身不安美也言人情之中外相應。夫音扶應應對之應三日而斂在牀曰尸在棺曰柩動尸舉柩哭踊無數惻怛之心痛疾之意悲哀志懣氣盛故袒而踊之所以動體安心下氣也婦人不宜袒故發胷擊心爵踊殷殷田田如壞牆然悲哀痛疾之至也故曰辟踊哭泣哀以送之送形而往迎精而反也故袒而踊之言聖人制法故使之然也爵踊足不絕地辟拊心也哀以送之謂葬時也迎其精神而反謂反哭及日中而虞也。斂力豔反下同柩其又反懣亡本反又音滿范音悶下同殷殷並音隱壞音怪字林作斁音同辟婢亦反徐扶亦反注及下皆同拊芳甫反其往送也望望然汲汲然如有追而弗及也其反哭也皇皇然若有求而弗得也故其往送也如慕其反也如疑望望瞻望之貌也慕者以其親之在前疑者不知神之來否○汲音急求而無所得之也入門而弗見也上堂又弗見也入室又弗見也亡矣喪矣不可復見已矣故哭泣辟踊盡哀而止矣說反哭之義也○上時掌反復扶又反下復反復生皆同心悵焉愴焉惚焉愾焉心絕志悲而已矣祭之宗廟以鬼饗之徼幸復反也說虞之義○悵勑亮反愴初亮反惚音忽愾徐音慨苦代反徼古堯反成壙而歸不敢入處室居於倚廬哀親之在外也寢苫枕塊哀親之在土也言親在外在土孝子不忍反室自安也入處室或爲入宮○壙古晃反倚於綺反苫

始占反草也枕之蔭反塊苦對反又苦怪反土也故哭泣無時服勤三年思慕之心孝子之志也人情之實也勤謂憂勞或問曰死三日而后斂者何也怪其遲也曰孝子親死悲哀志懣故匍匐而哭之若將復生然安可得奪而斂之也故曰三日而后斂者以俟其生也三日而不生亦不生矣孝子之心亦益衰矣家室之計衣服之具亦可以成矣親戚之遠者亦可以至矣是故聖人爲之斷決以三日爲之禮制也匍匐猶顛蹷或作扶服○匍音蒲又音扶匐蒲北反又音服衰色追反爲于僞反下注相爲爲蓑同斷決丁段反下古穴反猶傎丁年反蹷求月反又音九月反或問曰

冠者不肉袒何也 怪衣冠本之相爲也○冠音官 曰冠至尊也不居肉袒之體也故爲之免以代之也 言身無飾者不敢冠冠爲褻尊服肉袒則著免免狀如冠而廣一寸○免音問注及下皆同褻息列反著張慮反又張畧反廣古曠反 然則禿者不免傴者不袒跛者不踊非不悲也身有錮疾不可以備禮也故曰喪禮唯哀爲主矣女子哭泣悲哀擊胷傷心男子哭泣悲哀稽顙觸地無容哀之至也 將踊先袒將袒先免此三疾俱不踊不袒不免顧其所以否者各爲一耳擊胷傷心稽顙觸地不踊者若此而可或曰男女哭踊○禿吐祿反無髮也傴於縷反一音紆矩反背曲也跛補禍反又彼我反足廢也錮音故稽音啓注同顙桑朗反下注同 或問曰免者以何爲也 怪本所爲施也○何爲于僞反盡篇末文注皆同 曰不冠者

之所服也禮曰童子不緦唯當室緦緦者其免也當室則免而杖矣不冠者猶未冠也當室謂無父兄而主家者也童子不杖不杖者不免當室則杖而免免冠之細別以次成人也緦者其免也言免乃有緦服也○緦音思冠之古亂反或問曰杖者何也怪其義各異曰竹桐一也故爲父苴杖苴杖竹也爲母削杖削杖桐也言所以杖者義一也顧所用異耳○苴七餘反削悉若反或問曰杖者以何爲也怪所爲施曰孝子喪親哭泣無數服勤三年身病體羸以杖扶病也言得杖乃能起也數或爲時○羸力垂反劣也疲也則父在不敢杖矣尊者在故也堂上不杖辟尊者之處也堂上不趨示不遽也此孝子之志也人情之實也

禮義之經也非從天降也非從地出也人情

而已矣父在不杖謂爲母喪也尊者在不杖辟尊者之處

不杖有事不趨皆爲其感動使之憂戚也○辟音

避處昌慮反下親始至實也○正義曰此一節明初死

同遽其慮反〔疏〕三日以來居喪哭踊悲哀疾痛之意也

○雞斯者笄謂骨笄纚謂縚髮之縚言親始死孝子先去冠

唯留笄纚也徒跣者徒空也無屨而空跣也○扱上衽者上

衽謂深衣前衽扱之於帶以號踊履踐爲妨故扱之○交手

哭者謂交手拊心而爲哭也○傷腎乾肝焦肺者言肺在上性

近於燥故云焦肝近肺故云乾腎近下故云傷言近下性多

潤而爲傷矣舉此三者五藏俱傷可知也○不舉火者哀痛

之甚情不在食故不舉火也言旁親以下食不可廢故鄰里

爲之糜粥以飲食之糜厚而粥薄薄者以飲之厚者以食之

○注親父至爲里○正義曰凡云親者包之五服也以此經

悲哀之甚故知父母也云雞斯當爲笄纚者以經雞斯二字

不當始死者之義聲與笄纚相涉故云笄纚也云親始死去

冠者檀弓云始死羔裘玄冠者易之是去冠也云二日乃去

笄纚者以士喪禮云小斂鬠髮是死二日故云乃去笄纚也

云上衽深衣之裳前者言既始死朝服易之故知著深衣案

深衣篇云續衽鉤邊故知此衽深衣之衽案深衣衽當旁此云深衣之裳前者既扱之恐履踐爲妨故解爲裳前也其實衽象小要屬裳處皆狹旁與在前俱得衽名但所扱之處當衽也案公羊傳云昭公以衽受於齊之唁禮亦謂裳當前者也○注爵踊足不絕地辟拊心也○正義曰爵踊似爵之跳也其足不離於地也殷殷田田如壞牆然者言將欲崩倒也云辟拊心者爾雅釋訓文○望望然者瞻望之意也○汲汲然者促急之情也○皇皇然者意彷徨也○其往送也如慕者如孺子啼慕於母也○其反也如疑者不知神之來否如人之有疑也○亡矣喪矣者喪亦亡也重言之者丁寧之也若似人之逃不復來也○故哭泣辟踊盡哀而止矣者以其不可復見故反哭之時哭泣辟踊盡哀而休止也心悵焉愴焉者此明反哭之後虞祭之時也○祭之宗廟以鬼享之者謂虞祭於殯宮神之所在故稱宗廟以鬼享之尊而禮之異其魂神復反也成壙而歸者此明葬之後猶居廬枕塊不敢入於室處也○故哭泣無時者此明終喪思慕之心也服勤者言服處憂勞勤苦也○人情之實也者言非詐僞假爲之是人情悲慕之實也○或問曰死三日而后斂者何也此記者假設問三日而后斂之意也三日斂者以士言之則大斂也則大夫以上言之則小斂也此經凡言亦者亦以俟其生

制三日者俟其生也若三日不生於後亦不生矣也非但不
生孝子之心亦益衰矣衣服之具亦可以成矣親戚之遠者
亦可以至矣○或問曰冠者不肉袒何也者此解冠必不袒
袒必不冠之意也又明孝子身有病闕其居喪所以禮矣此
冠不居肉袒者謂心既悲哀肉袒形褻故不可褻其尊服而
冠也若有吉事而內心肅敬則雖袒而著冠也故郊特牲云
君袒而割牲是也○或問曰免者以何爲也者此怪成人肉
袒之時須著免今非成人肉袒亦有著免故問之云免者以
何所爲○曰不冠者之所服也此荅問之辭也不冠謂未冠
童子之所服以未冠者故著免也○禮曰童子不緦者此喪服
正經之文記者引之故稱禮曰童子不緦者言不爲族人著
緦服也○唯當室緦者謂童子無父兄當室主於家事唯此
當室之童乃爲族人著緦服○緦者其免也者作記者云所
以此童子爲族人得著緦者以其無父兄當室之時即著免
也以其無父兄而可依理故得爲族人著緦服也○當室則
免而杖矣者又明童子得免所由以其孤兒當室則得免而
杖爲族人得著緦也若童子不當室則不得免及杖也○注
云免冠之細別以次成人也○正義曰解當室所著之意也
言免是冠之流例也童子當室亞次成人故得著免也云緦
者其免也者疊出經文也言免乃有緦服也鄭出緦其免之

意言内爲父母著免乃有族人緦服言緦服由於著免是所以緦者由有免故也。或問曰杖者何也者此明問居喪有杖爲父母乃異何意如此故問之。竹桐一也言爲父竹爲母桐孝子之意其義一也言孝子奉親用心是一但取義有異故竹桐而殊也。故爲父苴杖苴杖竹也者父是尊極故爲之苴杖言苴惡之物以爲杖自然苴惡之色唯有竹也故云苴杖竹也爲母削杖削杖桐也言爲母屈於父不同自然苴惡之色也故用削杖其杖雖削情同於父故云削杖桐也桐爲是同父之義故不用餘木也或解云竹節在外外陽之象故爲父矣桐節在内内陰之類也故爲母也。或問曰杖者以何爲也者此問孝子居喪何以須杖之意也。父在不敢杖矣尊者在故也者爲母親對父之時不敢據杖以尊者在故不敢也。堂上不杖辟尊者之處也者所以爲母堂上不敢杖者堂上是父之所在辟尊者之處所以爲母堂上故不杖也。堂上不趨示不遽也者言孝子爲母所以堂上不爲喪趨者示父以閒暇不促遽也若堂上而趨則感動父情使父憂戚故不杖不趨冀不悲哀於父也此孝子之志意人情之實事

附釋音禮記注疏卷第五十六

禮記注疏卷五十六挍勘記　阮元撰盧宣旬摘錄

奔喪第三十四

奔喪之禮節

奔喪之禮　各本同石經同釋文作奔喪云此正字也說文云從哭亡亡亦聲也

奔喪至盡哀　惠棟挍宋本無此五字

遂行日行百里節

遂行至竟哭　惠棟挍宋本無此五字

若未得行則成服而后行者　惠棟挍宋本同閩監毛本后作後

至於家入門左節

不以爲數　閩監毛本岳本嘉靖本衞氏集說同釋文出不以數也云本亦作不以爲數

既哭成其服喪服杖於序東　惠棟挍宋本其下無服字宋監本岳本衛氏集説同考文引足利本同此本誤衍閩監毛本嘉靖本同○案疏亦無其下服字

至於至如初　惠棟挍宋本無此五字

故云既殯位在下也　閩監本同毛本位在下誤倒作在下位

發喪已踰日節於是可也　閩監本同毛本節誤即

奔喪者非主人節

奔喪至變也　惠棟挍宋本無此五字

故奔喪者在庭中北面　惠棟挍宋本同閩監毛本庭中二字倒衛氏集説同

入自闈門升自側階　閩監本同毛本側誤作下升自側階階同

以奔夫屬　閩監毛本同衛氏集説同惠棟挍宋本奔夫作本天

奔喪者不及殯節

遂奔喪禮說不及殯日閩監毛本嘉靖本衛氏集說同岳本日作曰考文引足利本同

以下文云除喪而后歸惠棟按宋本同閩監毛本后作後

若除喪而后歸節

若除至不踊惠棟按宋本無此五字

下文東即主人之位閩監毛本同惠棟按宋本文作云

自齊衰以下節

自齊至免麻惠棟按宋本無此五字

當謂至緦麻也閩監本作緦此本緦字闕毛本誤絲

凡爲位節

父母之喪 惠棟挍宋本上有唯字宋監本岳本衛氏集說同此本誤脫閩監毛本嘉靖本同

凡爲至而往 惠棟挍宋本無此五字

下兩處五哭之文 閩監本同毛本五哭之文誤倒作之文五哭

哭父之黨節

以其精神不在乎是 閩監毛本同岳本同衛氏集說同考文引宋板在作存宋監本嘉靖本同

始聞喪哭而袒 各本同監本聞字闕

故先作一哭 惠棟挍宋本同閩監毛本一作壹

所識者弔節

所識者至而踊 惠棟挍宋本無此六字

主人在墓左西鄉 閩監毛本同惠棟挍宋本無西字

聞遠兄弟之喪節

既除喪而后聞喪 惠棟挍宋本同石經同岳本同衞氏集說同閩監毛本后作後嘉靖本同

聞遠至左手 惠棟挍宋本無此五字

無服而爲位者節

無服至者麻 惠棟挍宋本無此五字

既降無服其族姑口口口口口口口其族姑姊爲族伯叔兄弟亦無服加麻 閩監本同惠棟挍宋本同毛本上其族姑三字亦闕共闕十字考文補闕作其族姑姊爲族伯叔兄弟山井鼎云補此十字卻係衍文當刪去也案衞氏集說作既降無服其族姑姊爲族伯叔兄弟亦無服中間並無闕字是也

凡奔喪有大夫至節

凡奔至拜之惠棟按宋本無此五字

成踊而后襲者惠棟按宋本同閩監毛本后作後下然后襲衣同

故云或曰惠棟按宋本此下標禮記正義卷第六十三終記云凡三十頁

問喪第三十五惠棟按宋本禮記正義卷第六十四

親始死雞斯節

二日乃去笄纚括髮也閩監毛本岳本嘉靖本衞氏集說同惠棟按宋本二作三

故曰辟踊哭泣各本同石經同釋文出辟踴○按依說文當作踊从走甬聲

以鬼饗之惠棟按宋本石經宋監本岳本嘉靖本同閩監毛本饗作享衞氏集說同石經考文提要云宋大字本宋本九經南宋巾箱本余仁仲本劉叔剛本並作饗

稽顙觸地無容閩監本石經岳本嘉靖本衞氏集說同考文引古本足利本同毛本觸誤拜

親始至實也　惠棟挍宋本無此五字

薄者以飲之　閩本同惠棟挍宋本同衞氏集説同監毛本飲誤歆

祭之宗廟以鬼饗之者　惠棟挍宋本作饗閩監毛本饗作享下以鬼饗之同

猶居倚廬枕塊　惠棟挍宋本有倚字閩監毛本倚字脱

不敢據杖以尊者在　考文引宋板同閩監毛本據誤遽

禮記注疏卷五十六挍勘記

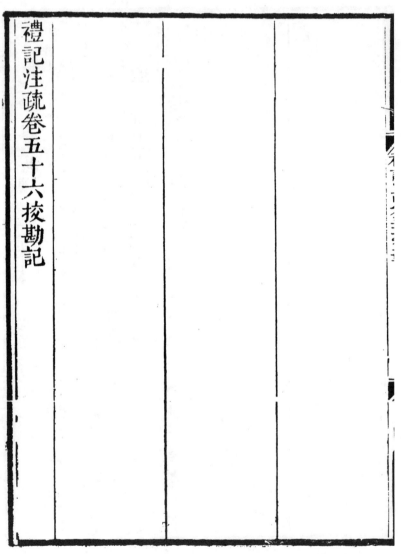

附釋音禮記注疏卷第五十七

服問第三十六○陸曰鄭云服問者善其問以知有服而遭喪所變易之節也疏正義曰案鄭目錄云名曰服問者以其善問以知有服而遭喪所變易之節此於別錄屬喪服也

禮記　鄭氏注　孔穎達疏

傳曰有從輕而重公子之妻爲其皇姑皇君也諸侯妾子之妻爲其君姑齊衰與爲小君同舅不厭婦也○傳此引大傳文也從如字范才用反爲其于僞反注及下皆同齊衰上音咨下七雷反後放此厭於涉反下同有從重而輕爲妻之父母妻齊衰而夫從緦麻不降一等言非服差○差初佳反又初宜反下同有從無服而有服公子之妻爲公子之外兄弟謂爲公子之外祖父母從母緦麻○有從有服而無服公子爲其妻之父母凡公子厭於君降其

私親女君之子不降也○傳曰母出則爲繼母之黨服母死則爲其母之黨服爲其母之黨服則不爲繼母之黨服雖外親亦無二統○三年之喪既練矣有期之喪既葬矣則帶其故葛帶絰期之絰服其功衰帶其故葛帶者三年既練期既葬差相似也絰期之葛絰三年既練首絰除矣爲父既練衰七升母既葬衰八升凡齊衰既葬衰或八升或九升服其功衰服麤衰○期音基下及注皆同○有大功之喪亦如之大功之麻變三年之練葛期既葬之葛帶小於練之葛帶又當有絰亦反服其故葛帶絰期之絰差之宜也此雖變麻服葛大小同耳亦服其功衰凡三年之喪既練始遭齊衰大功之喪絰帶皆麻○小功無變也無所變於大功齊衰之服不用輕累重也○累劣彼反又劣僞反○麻之有本者變三年之葛有本謂大功以上也小功以下澡麻斷本○上時掌反澡音早斷下

管反下文同○既練遇麻斷本者於免經之既免去經每可以經必經既經則去之雖無變緣練無首絰於有事則免經如其倫免無不經經有不免其無事則自若練服也○免音問下及注不免者皆同去起呂反下同小功不易喪之練冠如免則經其緦小功之經因其初葛帶緦之麻不變小功之葛小功之麻不變大功之葛以有本爲稅稅亦變易也小功以下之麻雖與上葛同猶不變也此要其麻有本者乃變之耳雜記曰有三年之練冠則以大功之麻易之唯杖屨不易也○爲稅上如字下吐外反注及下皆同要一遙反殤長中變三年之葛終殤之月筭而反三年之葛是非重麻爲其無卒哭之稅下殤則否謂大功之親爲殤在緦小功者也所以變三年之葛正親親也三年之葛大功變既練麻衰變既虞卒哭

凡喪卒哭受麻以葛𦆀以麻終喪之月數非重之而不變爲殤未成人文不縟耳下殤則否言賤也男子爲大功之殤中從上服小功婦人爲之中從下服緦麻○長丁丈反筭徐音蒜悉亂反重直勇反徐治龍反注同爲于僞反注除爲殤在緦皆同縟音辱繁飾也

君爲天子三年夫人如外宗之爲君也外宗君外親之婦也其夫與諸侯爲兄弟服斬妻從服期諸侯爲天子服斬夫人亦從服期喪大記曰外宗房中南面○君爲于僞反後音皆同注諸侯爲天子下注亦爲此三人士爲國君同

世子不爲天子服遠嫌也不服與畿外之民同也○遠于萬反畿音祈

君所主夫人妻大子適婦言妻見大夫以下亦爲此三人爲喪主也○大子音泰下及注同適丁歷反下同見賢遍反

大夫之適子爲君夫人大子如士服大夫不世子不嫌也士爲國君斬小君期大子君服斬臣從服期

君之母非夫人則羣臣無服唯近臣及僕驂乘從服唯君所服服也

妾先君所不服也禮庶子爲後爲其母緦言唯君所服伸君也春秋之義有以小君服之者時若小君在則益不可○驂七南反乘音剩爲于僞反下爲其母同伸音申公爲卿大夫錫衰以居出亦如之當事則弁經大夫相爲亦然爲其妻往則服之出則否弁經如爵弁而素加經也不當事則皮弁出謂以他事不至喪所○錫思歷反凡見人無免經雖朝於君無免經唯公門有稅齊衰傳曰君子不奪人之喪亦不可奪喪也見人謂行求見人也無免經經重也稅猶免也古者說或作稅有免齊衰謂不杖齊衰也於公門有免齊衰則大功有免經也○免經音勉去也下無免經弁注皆同徐並音問恐非朝直遥反稅吐活反注同說吐活反又始銳反傳曰罪多而刑五喪多而服五上附下附列也列等比也○罪本或作辠正字也秦始皇以其似皇字改爲罪也上時掌反列徐音例注同本亦作例比

三

必利反〔疏〕傳曰至列也○正義曰此四條明從服輕重之異也○傳曰皇氏云此言傳曰者即前大傳之篇則服術有六不指其人今各以其人明之或可傳曰者是舊有成傳記者引之則非前大傳篇也故下文罪多而刑五喪多而服五記者皆引此舊傳而記之也○有從輕而重公子之妻爲其皇姑者公子謂諸侯之妾子也○皇姑即公子之母也諸侯在尊厭妾子使爲母練冠諸侯沒妾子得爲母大功而妾子妻不辨諸侯存沒爲夫之母期也其夫練冠是輕也而妻爲期是重故云有從輕而重也而謂之皇姑者皇君也此妾既賤若惟云姑則有嫡女君之嫌今加皇字自明非女君而此婦所尊與女君同故云君姑也○有從無服而有服公子之妻爲公子之外兄弟者謂公子之外祖父母也而公子被厭不服已母之外家是無服也妻猶從公子而服公子外祖父母從母緦麻是從無服而有服也○有從有服而無服公子爲其妻之父母者雖爲公子之妻猶爲父母期是有服也公子被厭不從妻服父母是從有服而無服也○注謂爲公子之外祖父母從母緦麻○正義曰經唯云公子外兄弟知非公子姑之子者以喪服小記云夫之所爲兄弟服妻皆降一等夫爲姑之子緦麻妻則無服今公子之妻爲之服故知公子之外祖父母從母也此等皆小功之服凡小功者謂爲

兄弟若同宗直稱兄弟以外族故稱外兄弟也○傳曰母出
則爲繼母之黨服者此明繼母之黨亦是舊傳之辭事異於
上故更稱傳曰也○三年之喪既練矣有期之喪既葬矣者
謂三年之喪練祭之後又當期喪既葬之節也○則帶其故葛
帶者故葛帶謂三年練葛帶也今期喪既葬男子則應著葛
帶與三年之葛帶麤細正同以父葛爲重故帶其故葛帶經
期之經者謂三年練後首經既除故經期之葛經若婦人練
後麻帶除矣則經其故葛經帶期之麻帶以其婦人不葛帶
故也○服其功衰者功衰謂服父之練之功衰也○注帶其
至麤衰○正義曰三年既練期既葬差相似也者三年既練
要帶四寸百二十五分寸之七十六期之既葬其帶亦然故
云差相似但父帶爲重故帶其故葛帶也云經期之葛經三
年既練首經除矣者以三年既練男子除於首是男子首經
除矣其首空故經期之葛經此文主於男子也若婦人則首經
經練練之故葛經練後麻帶已除則要經期之麻帶也云爲父
既練衰七升者以間傳稱斬衰三升既虞卒哭受以成布六
升則知既練衰七升也云母既葬衰八升者此言八升者誤
當云七升故間傳云爲母疏衰四升受以成布七升是既葬
受時爲母衰七升也云凡齊衰既葬衰或八升或九升者以
父之既練母之既葬衰皆七升其齊衰仍有八升九升故更

言之八升者是正服齊衰或有。九升者是義服齊衰也云服其功衰服麤衰者功即麤也言齊衰既有八升九升服也其麤者謂七升父之衰也經不云服其父衰而云功衰者經稱三年之衰則父爲長子及父卒爲母皆是三年今期喪既葬反服其服若言功衰總道三人故不得特言服父衰也母喪既練鎰衰八升與正服既葬齊衰同以母服爲重亦服母之齊衰也皇氏云謂三年既練之後初遭期喪今謂此經亦三年未練之前初有期喪未葬爲前三年之衰爲練祭至期既葬乃帶其故葛帶經期之葛經也必知其期喪未葬已前得爲三年練祭者雜記篇云三年之喪既顈其練祥皆行彼謂後喪亦三年既顈之後得行前三年之喪練祭則知後喪期年未顈之前得爲三年之喪而行練也熊氏云爲母既葬衰八升言父在爲母也今鄭注云爲父既練衰七升爲母既葬衰八升矣又經云三年之喪既練皆爲父卒爲母今熊氏云父在爲母其義非也。有大功之喪亦如之者此明三年之喪練後有大功之喪也大功之喪者爲大功喪既葬以前經云期之喪既葬則此大功之喪亦既葬不云既葬者從上省文也亦如之者言亦帶其故葛帶經期之葛經也故云亦如之。注大功至皆麻。正義曰言大功初死之麻變三年練後之葛首要皆麻矣故闇傳謂之重麻也云期既葬之葛帶

者謂大功既葬葛帶以次差之三寸有餘三年練之葛帶以
次差之則四寸有餘大功既葬葛帶小於練之葛帶故反服
練之故葛帶也又大功既葬者首經四寸有餘若要服練之
葛帶首服大功既葬之葛經既麤細相似不得爲五分去一
爲帶之差故首經與期之經五寸有餘進與期之既葬同也
故云經期之經是差次之宜也此注亦主於男子矣其婦人
之服於下間傳篇具釋也云此雖變麻服葛大小同耳者大
功初喪服麻之時首經五寸餘要帶四寸餘大功既葬之後
首經應合四寸餘要帶本合三寸餘既服練之要帶四寸餘
則其首經合五分加一成五寸餘也是大功初死之麻齊衰
既葬之葛與初死之麻大小同故云此雖變麻服葛大小同
耳云亦服其功衰者亦上文也服其功衰謂服父之練衰也
以大功初喪者衰七升八升九升既葬之後則有十升然服
父七升也云凡三年之喪既練始遭齊衰大功之喪經帶皆
麻者間傳篇云斬衰既練遭大功之喪既重麻則知斬衰既
練遭齊衰灼然重麻故云經帶皆麻也此熊氏皇氏之説檢
勘鄭意其義然也崔氏云此經大功之喪承前經之下既有
三年之練又有期喪既葬合大功既葬之後故帶其練之故
葛帶經期之葛經於此經文其義得通然於間傳之文於義
不合案間傳斬衰既虞卒哭遭齊衰之喪又云既練遭大功

之喪文各別則此經文大功唯據三年練後不合期喪既葬
也注云男子經期之葛經婦人帶期之葛帶其誤者爲期經
期帶謂其大功之經大功之帶然於鄭注其義稍乖也當以
熊皇爲正也○小功無變也謂凡常小功無變於大功以上
之服言先有大功以上喪服今遭小功之喪無變於前服不
以輕服減累於重也○麻之有本者變三年之葛者謂大功
以上爲帶者麻之根本并留之合糾爲帶如此者得變三年
之練葛若麻之無本謂小功以下其經澡麻斷本是麻之無
本不得變三年之葛也言變三年葛舉其重者其實期之葛
有本者亦得變之矣○既練遇麻斷本者此明斬衰既練之
後遭小功之喪雖不變服得爲之加經也既練之後遭遇麻
之斷本小功之喪○於免經之者以練無首經於小功喪有
事於免之時則爲之加小功之經也○既免去經者謂小功
以下之喪斂殯事竟既免之後則脫去其經也○每可以經
者謂於小功以下之喪當斂殯之節每可以經之時必爲之
加麻也○既經則去之者謂不應經之時則去其經自若練
服也○注雖無至服也○正義曰有事則免經如其倫者倫
謂倫類雖爲之不變服其應免經之時如平常有服之倫類
也云免無不經者解經於免經之於是免之時必著經則大
斂小斂之節衆主人必加經也云經有不免者解經每可以

經必絰也云經謂不免但云經者謂既葬之後虞及卒哭之節但著絰不有免以服成故也是經有不免者也○小功不易喪之練冠者言小功以下之喪不合變易三年喪之練冠其期之練冠亦不得易也○如免則經其緦小功之經者謂如當緦小功著免之節則首經其緦與小功之經所以爲後喪緦經者以前喪練冠首經已除故也上經云小功不易明緦不易下經云緦小功之經兼言緦者恐免經不及緦故也前經已云於免經之此經又云如免則經者前經但云經不云練冠恐小功以下不得改前喪練冠故重言之也因其初葛帶者言小功以下之喪要中所著仍因其初喪練葛帶上文云期喪既葬則帶練之故葛帶此小功以下之喪亦著練之初葛帶不云故而云初者以期初喪之時變練之葛帶爲麻期既葬之後還反服練之故葛帶故言故也謂其小功以下之喪不變練之葛帶故云初葛帶也○緦之麻不變小功之葛小功之麻不變大功之葛者謂以輕喪之麻本服既輕雖初喪之麻不變前重喪之葛也○以有本爲稅者稅謂變易也所以緦之麻不變小功者以其緦與小功麻經既無本不合稅變前喪唯大功以上麻經有本者得稅變前喪也○注稅亦至易也○正義曰云稅亦變易者以一經之內有變有稅兩文故言稅亦變易也云此要其麻有本者乃變上耳

者麻有本謂大功以上麻経有本爲重下服乃變上服大功

得變易期之謂大功以上引此也葛者欲明大殤葛有中麻非但得期此喪之大功

之麻得易之者所以三年之練冠此也殤之又殤喪論今在三年非之小得變則以服大

成亦得易殤總麻長中殤人者謂本殤小功長中殤婦人者爲長殤之本殤小

三年則小功也婦人者謂本殤小功長中婦人者爲長殤之本殤小

子人小功長中殤人者爲長殤之本殤小功中殤則著此殤則五月服之三

三年之爲葛之數如小終反則五月筭之總麻則三月殤總乃降之如

者此之月著者麻月滿如改殤又服三月筭之總麻則三月喪總乃麻在長中

殤之著月麻筭之數○終小功殤則喪總麻在長中殤得

哭之稅之服不改殤長中功殤之爲長本殤服小功大功長殤得此

後也所言時不改稅又服之三月筭之總麻則三月殤

殤無卒哭之服不改殤則五月服之三月是非其麻終之

輕則則否得以大年之以下前喪麻葛不改是非其麻無此卒

則不衰下變以三年之葛者以其本故有本服之變初縟服故其情已下

殤則卒以變大功之麻殤謂則三月是非其麻無此卒

麻既澡麻雜絕三本然齊衰下殤之麻其乃殤變三年喪得小功者以

稅故特得變之成人小功總麻既無本故不得卒也○

注謂大至服總○若正義曰知大功麻之親爲殤在總小功者以

前文云緦小功不得變上服則此得變三年之葛亦是緦麻
小功也殤長中在小功緦者本大功之親耳云正親親也者
以大功之親其殤所以得變三年之葛者以大功是正親親
故重其殤也云三年之葛大功變既練者則雜記篇云三年
之練冠則以大功之麻易之是也云齊衰變既虞卒哭者齊
衰初喪得變三年既虞卒哭則下間傳篇云斬衰之喪既虞
卒哭遭齊衰之喪輕者包重者特是也云爲殤未成人文不
縟耳者縟謂數也謂禮文繁數若成人以上則禮繁數故變
麻服葛今殤是未成人唯在質略無文飾之繁數故不變麻
服葛也云男子爲大功之殤中從上服小功婦人爲之中從
下服緦者喪服傳文○君爲天子三年者謂列國諸侯之君
爲天子三年也○夫人如外宗之爲君也者言諸侯夫人爲
天子如諸侯外宗之婦爲君也諸侯外宗之婦爲君期則夫
人爲天子亦期也故云如外宗之爲君諸侯爲天子服斬衰
喪服正文此記載之者謂以夫人如外宗之爲君起文以君
與夫人故如將欲明諸侯夫人爲天子故載君爲文之首也
○注外宗至南面○正義曰外宗君外親之婦也者其夫既
是君之外姓其婦即是外宗也云其夫與諸侯爲兄弟服斬
妻從服期者謂夫與諸侯爲兄弟之親在於他國諸侯既死
來爲之服當尊諸侯不繼本服之親故皆服斬其妻從服期

也云諸侯爲天子服斬故夫人亦從服期是爲夫之君如外宗也熊氏云凡外宗有三案周禮外宗之女有爵通卿大夫之妻一也雜記云外宗爲君夫人猶內宗是君之姑姊妹之女舅之女從母之女皆爲諸侯服斬爲夫人服期是二也此文外宗是諸侯外宗之婦也若姑之子婦從母子婦其夫是君之外親爲君服斬其婦亦名外宗爲君服期是三也內宗有二者案周禮云內女之有爵謂其同姓之女悉是一也雜記云內宗者是君之五屬之內女是二也引喪大記曰外宗房中南面者證外宗之義也○世子不爲天子服者此明諸侯世子有繼世之道所以遠嫌不爲天子服也○君所主夫人妻大子適婦者此三人既正雖國君之尊猶主其喪也非此則不主也言妻欲見大夫以下亦爲妻及適子適婦爲主也○大夫之適子爲君夫人大子如士服者此明大夫適子爲君夫人大子之服是大夫無繼世之道其子無嫌得爲君與夫人及君之大子著服如士服也○君之母非夫人則羣臣無服者若君母是嫡夫人則羣臣爲服期今君母非夫人君爲之服緦則羣臣爲之無服也○唯近臣及僕驂乘從服者近臣謂閽寺之屬僕御車者也驂車右也君之母非夫人貴臣乃不服而此諸臣賤者隨君之服也故云從服○唯君所服服也者君服緦則此等之人亦服緦故云唯君所服服

也○注妾先至不可○正義曰妾先君所不服也者天子諸侯爲妾無服唯大夫爲貴妾服緦故知妾先君所不服云禮庶子爲後爲其母緦者案喪服緦麻章云庶子爲父後者爲其母是也云言唯君所服伸君也者若其不爲後則爲母無服故喪服記云公子爲其母練冠麻衣縓緣今以爲君得著緦麻服是伸君之尊也君既服緦是近臣得從君服也此謂禮之正法云春秋之義有以小君服之者鄭既以正禮言之又引○春秋之時不依正禮者有以爲小君之服服其妾母者是文公四年夫人風氏薨是僖公之母成風也又昭十一年夫人歸氏薨是昭公之母齊歸也皆亂世之法非正禮也案異義云妾子立爲君得尊其母立以爲夫人否今春秋公羊既○說妾子立爲君母得稱夫人故上堂稱妾屈於適也下堂稱夫人尊於國也云○子不得爵命父妾子爲君得爵命其母者以妾在○奉○授○於○尊者有所因緣故也穀梁傳曰魯僖公立妾母成風爲夫人是子爵於母以妾爲妻非禮也故○春秋左氏說成風妾得立爲夫人母以子貴禮也許君謹案舜爲天子瞽瞍爲士起於士庶者子不得爵父母也至於魯僖公得尊母成風爲小君經無譏文從公羊左氏之說鄭則從穀梁之說故異義駮云父爲長子三年爲眾子期明無二適也女君卒繼攝其事耳不得復立爲夫人如鄭駮之言則此云春秋

小君服之者是灼然非禮也云時若小君在則益不可者其小君無而以夫人服之已爲不可今小君既在而以夫人服妾母彌益不可故云益不可也○公爲卿大夫錫衰以居者此明君爲卿大夫之喪成服之後著錫衰以居也○出亦如之者出謂以他事而出不至喪所亦著錫衰其首則服皮弁○當事則弁經者君行往弔卿大夫當大斂及殯并將葬啓殯當如此之事則首著弁經身衣錫衰若於士雖當事首服皮弁故士喪禮云君視大斂注云皮弁服襲裘是也○大夫相爲亦然者亦如君於卿大夫也不當事則皮弁當事則弁經故雜記云大夫與殯亦弁經是也大夫於士士雖當事亦皮弁也○爲其妻往則服之出則否者謂公於卿大夫之妻及卿大夫相爲其妻往臨其喪則服錫衰不恒著之以居若餘事之出則不服也言居亦不服其當殯斂之事亦弁經也○凡見人無免經者謂已有齊衰之喪無免去經重故也○雖朝於君無免經者以經重縱往朝君亦無免稅於經也。唯公門有稅齊衰者謂已有不杖齊衰之喪至公門稅去其衰經猶不去也若杖齊衰及斬衰雖入公門衰亦不稅也其大功非但稅衰又免去經也○傳曰君子不奪人之喪亦不可奪喪也解朝君無免經之意引舊記以明之言君所以許臣不免經而入朝以君子之人以己恕物不可奪人喪禮使之免絰故許著絰也亦不可奪喪也非但不奪人喪亦不可自奪喪所以已有重喪猶絰以見君申已喪禮也○注有免至絰也○正義曰謂不杖齊衰者案下曲禮篇云苞屨不入公門藨屨杖齊衰之屨既不得入也此云稅齊衰明不杖齊衰也云於公門有免齊衰則大功有免絰也者鄭以絰重於齊衰不杖齊衰雖脫亦不免絰以差次約之則大功非但脫衰又免去其絰也○罪多至列也者列等也言罪之與喪其數雖多其限同五其等列相似故云列也

間傳第三十七

○陸曰鄭云名間傳者以其記喪服之間輕重所宜也○【疏】正義曰案鄭目錄云名曰間傳者以其記喪服之間輕重所宜此於別錄屬喪服

鄭氏注　孔穎達疏

斬衰何以服苴苴惡貌也所以首其內而見諸外也斬衰貌若苴齊衰貌若枲大功貌若止小功緦麻容貌可也此哀之發於容體者

也。有大憂者面必深黑止謂不動於喜樂之事枲或爲似苴七余反見賢遍反齊音咨下同枲思里反樂音洛

斬衰之哭若往而不反齊衰之哭若往而反大功之哭三曲而偯小功緦麻哀容可也此哀之發於聲音者也三曲一舉聲而三折也偯聲餘從容也。偯於起反說文作悠云痛聲折之設反從七容反。斬衰唯而不對齊衰對而不言大功言而不議小功緦麻議而不及樂此哀之發於言語者也議謂陳說非時事也。唯于癸反餘以水反。斬衰三日不食齊衰二日不食大功三不食小功緦麻再不食士與斂焉則壹不食故父母之喪既殯食粥朝一溢米莫一溢米齊衰之喪疏

食水飲不食菜果大功之喪不食醯醬小功
緦麻不飲醴酒此哀之發於飲食者也父母
之喪既虞卒哭疏食水飲不食菜果期而小
祥食菜果又期而大祥有醯醬中月而禫禫
而飲醴酒始飲酒者先飲醴酒始食肉者先
食乾肉先飲醴酒食乾肉者不忍發御厚味。與音預斂力驗反粥之六反溢音逸劉音實二十兩也莫音暮疏食音嗣下疏食同醯本亦作醓呼兮反下同醴音禮期音基下及注皆同中如字徐丁仲反禫大感反。父母
之喪居倚廬寢苫枕塊不說絰帶齊衰之喪
居堊室芐翦不納大功之喪寢有席小功緦
麻牀可也此哀之發於居處者也父母之喪

既虞卒哭柱楣翦屏芐翦不納期而小祥居堊室寢有席又期而大祥居復寢中月而禫禫而牀芐今之蒲苹也○倚於綺反寢本亦作寑七審反苫始占反枕之鴆反塊苦對反又苦怪反說吐活反芐戶嫁反翦子賤反牀徐仕良反柱知矩反一音張炷反楣音眉復音伏○斬衰三升齊衰四升五升六升大功七升八升九升小功十升十一升十二升緦麻十五升去其半有事其縷無事其布曰緦此哀之發於衣服者也此齊衰多二等大功小功多一等服主於受是極列衣服之差也○去起呂反下去麻同縷力主反差初佳反後放此○

斬衰三升既虞卒哭受以成布六升冠七升爲母疏衰四升受以成布七升冠八升去麻

服葛葛帶三重期而小祥練冠縓緣要絰不除男子除乎首婦人除乎帶男子何爲除乎首也婦人何爲除乎帶也男子重首婦人重帶除服者先重者易服者易輕者又期而大祥素縞麻衣中月而禫禫而纖無所不佩葛帶三重謂男子也五分去一而四糾之帶既變變因爲飾也婦人葛絰不葛帶舊說云三糾之練而帶去一股去一股則小於小功之絰似非也易服謂爲後喪所變也婦人重帶帶在下體之上婦人重之辟男子也其爲帶猶五分絰去一耳喪服小記曰除成喪者其祭也朝服縞冠此素縞者玉藻所云縞冠素紕既祥之冠麻衣十五升布亦深衣也謂之麻者純用布無采飾也大祥除衰杖黑經白緯曰纖舊說纖冠者采纓也無所不佩紛帨之屬如平常也纖或作綅○爲母于僞反下注爲後同重直龍反注三重同縓七戀反緣徐音掾悅絹反要一遥反縞古老反又古報反注同纖息廉反注同去起

吕反下同糾居黜反下同股音古辟音避朝直遥反紕婢反反又音綼綼音謂紛芳云反帨始銳反緌徐息廉反又音侵

易服者何爲易輕者也因上說而問之斬衰之喪既虞卒哭遭齊衰之喪輕者包重者特說所以易輕者之義也既虞卒哭謂齊衰可易斬服之節也輕者可施於卑服齊衰之麻以包斬衰之葛謂男子帶婦人絰也重者宜主於尊謂男子之絰婦人之帶特其葛不變之也此言包特者明於卑可以兩施而尊者不可貳既練遭大功之喪麻葛重此言大功可易斬服之節也斬衰已練男子除絰而帶獨存婦人除帶而絰獨存謂之單單獨也遭大功之喪男子有麻絰婦人有麻帶又皆易其輕者以麻謂之重麻既虞卒哭男子帶其故葛帶絰期之葛絰婦人絰其故葛絰帶期之葛帶謂之重、葛○重直龍反注及下不言重言重者同○【疏】斬衰至者也○正義曰此一節明居喪外貌輕重之異○苴惡貌也者苴是黎黑色故爲惡貌也○大功貌若止者止平停不動也○大功轉輕心無斬刺故貌不爲之變又不爲之傾故貌若止於二者之間衰因鍛布帶屨亦輕其絰色用枲同者自別哀義耳○

○斬衰之哭若往而不反者若如也言斬衰之哭一舉而至
氣絕如似氣往而不却反聲也○哀容可也者言小功緦麻
其情既輕哀聲從容於理可也○斬衰唯而不對者但唯於
人不以言辭而對也皇氏以爲親始死但唯而已不以言對
案雜記云三年之喪對而不問爲在喪稍久故對也○大功
言而不議者大功稍輕得言他事而不議論時事之是非雜
記云齊衰之喪言而不語彼謂言已事故鄭彼注云言言已
事也爲人說爲語與此言異也○斬衰三日不食者謂三日
之內孝經云三日而食者謂三日之外乃食也○齊衰二日
不食者皇氏云謂正服齊衰也喪大記云三不食者當是義
服齊衰小功緦麻再不食者喪大記云壹不食再不食則是
壹不食謂緦麻再不食謂小功也與此不同者熊氏云異人
之說故其義別也○父母之喪既虞卒哭者此明父母終喪
以來所食之節也○又期而大祥有醯醬者謂至大祥之節
食醯醬則小祥食菜果之時但用鹽酪也若不能食者小祥
食菜果之時得用醯醬也故喪大記云小祥食菜果以醯醬
○中月而禫禫而飲醴酒又云食肉者先食乾肉喪大記云
祥而食肉者異人之說故不同也○注先飲至厚味○正義
曰以醴酒味薄乾肉又澀所以先食之者以喪服除孝子不
忍發初御醇厚之味故飲醴酒食乾肉也○父母之喪居倚

廬者此明初遭五服之喪居處之異也○苄翦不納者苄爲蒲苹爲席翦頭爲之不編納其頭而藏於內也○父母之喪既虞卒哭者此明遭父母之喪至終服以來所居改變之節即斬衰居倚廬齊衰居堊室論其正耳亦有斬衰不居倚廬者則雜記云大夫居廬士居堊室是士服斬衰而居堊室也亦有齊衰之喪不居堊室者喪服小記云父不爲衆子次於外注云自若居寢是也○斬衰三升者此明五服精麤之異○有事其縷無事其布曰緦者以三月之喪治其麻縷其細如緦故云緦麻以朝服十五升抽去其半縷細而疏也有事其縷事謂鍛治其布纑縷也無事其布謂織布既成不鍛治其布以哀在外故也○注此齊至差也○正義曰此齊衰多二等者案喪服記云齊衰四升此經云齊衰四升五升六升多於喪服篇之二等故云多二等也云大功小功多一等者案喪服記云大功八升若九升此云大功七升八升九升是多於喪服一等也喪服記又云小功十升若十一升此云小功十升十一升十二升是多於喪服一等也故云大功小功多一等也云服主於受者以喪服之經理主於受服者而言以大功之殤無受服不列大功七升以喪服父母爲主欲其文相值故畧而不言故云服主於受也云是極列衣服之差也者以喪服既畧故記者於是經極列衣服之差所以齊衰

多二等大功小功多一等也○斬衰三升者此明父母之喪
初死至練冠衰升數之變并明練後除脫之差也受以成布
六升者以言三升四升五升之布其縷既麤疏未爲成布也
六升以下其縷漸細與吉布相參故稱成布也○葛帶三重
者謂男子也既虞卒哭受服之節要中之帶以葛代麻帶又
差小於前以五分去一唯有四分見在三重謂作四股糾之
積而相重四股則三重未受服之前麻帶爲兩股相合也此
直云葛帶三重則首絰雖葛不三重也猶兩股糾之也○期
而小祥練冠縓緣者父沒爲母與父同也至小祥又以卒哭
後冠受其衰而用練易其冠也又練爲中衣以縓爲領緣也
○又期而大祥素縞麻衣者謂二十五月大祥祭此日除脫
則首服素冠以縞紕之身著朝服而爲大祥之祭祭訖之後
而哀情未除更反服微凶之服首著縞冠以素紕之身著十
五升麻深衣未有采緣故云大祥素縞麻衣也○中月而禫
者中間也大祥之後更間一月而爲禫祭二十五月大祥二
十七月而禫○禫而纖者禫祭之時玄冠朝服禫祭既訖而
首著纖冠身著素端黃裳以至吉祭○無所不佩者吉祭之
時身尋常吉服平常所服之物無不佩也○注葛帶至常也
正義曰葛帶三重謂男子也以經文直云葛帶三重不辨男
女之異故明之云謂男子也云五分去一而四糾之者以喪

服傳云五服絰帶相差皆五分去一故知受服之時以葛代
麻亦五分去一既五分去一唯有四分見在分爲四股而糾
之故云四糾之云帶輕既變因爲飾也者男子重首而輕帶
既變麻用葛四股糾之以爲飾也則知男子首絰婦人要帶
不三重爲飾也云婦人葛絰不葛帶者案少儀云婦人葛絰
而麻帶又上檀弓云婦人不葛帶謂齊斬之婦人也故士虞
禮曰婦人既練說首絰不說帶也注云不脫帶齊斬婦人帶
不變也婦人少變而重帶帶下體之上也其大功以下婦人
亦葛帶也故喪服大功章男女並陳及其變服三月受以小
功衰即葛九月是男女共爲即知大功婦人亦受葛也云舊
說云三糾之練而帶去一股者舊說云所至練之時又三分
去一此既葬葛帶三重去其一股以爲練之帶也云去一股
則小於小功之絰似非也者斬衰既葬與齊衰之麻同斬衰
既練與大功之麻同大功之帶即與小功首絰同所云同者
皆五分去一今乃三分斬衰既葬三重之葛帶去其一股以
爲練帶則是三年練帶小於小功首絰非五服之差次故云
似非也云易服謂爲後喪所變也者以身先有前喪重今更
遭後喪輕服欲變易前喪故云爲後喪所變也云其爲帶猶
五分絰去一耳者以婦人斬衰不變帶以其重要故也婦人
既重其要恐要帶與首絰麤細相似同故云其爲帶猶須五

分首絰去一分耳以首尊於要但婦人避男子而重要帶耳
云喪服小記曰除成喪者其祭也朝服縞冠者證當祥祭之
時所著之服非是素縞麻衣也云此素縞者玉藻所云縞冠
素紕既祥之冠者引之者證此經大祥素縞麻衣是大祥之
後所服之服也云麻衣十五升布深衣也者案雜記篇云朝
服十五升此大祥之祭既著朝服則大祥之後麻衣麤細當
與朝服同者故知十五升布深衣也云謂之麻者純用布無
采飾也者若有采飾則謂之深衣深衣篇所云者是也若緣
以素則曰長衣聘禮長衣是也若緣之以布則曰麻衣此云
麻衣是也云大祥除衰杖者以下三年問篇云三年之喪二
十五月而畢既稱終畢是除衰杖可知也云黑經白緯曰纖
者戴德變除禮文矣云舊說纖冠者采纓也者以無正文故
以舊說而言之云無所不佩紛帨之屬如平常也者此謂禫
祭既畢吉祭以後始得無所不佩若吉祭之前禫祭雖竟未
得無所不佩以其禫後尙纖冠玄端黃裳故知吉祭以後始
從吉也若吉祭在禫祭既畢以後始從吉也若吉祭在禫月
猶未純吉士虞記云是月也吉祭而猶未配注云是月是禫
月也當四時之祭月則祭而猶未以某妃配則禫之後月乃
得復平常○易服者何爲易輕者也以前文云易服者先易
輕者故記者於此經更自釋易輕之意故云何爲易輕者也

言有何所爲得易輕者故下文釋云既有前喪今又遭後喪得以後喪易換前喪輕者也○斬衰之喪既虞卒哭者謂士及庶人也故卒哭與虞並言之矣若大夫以上則虞受服故喪服注云天子諸侯卿大夫既虞士卒哭而受服輕者包言斬衰受服之時而遭齊衰初喪男子所輕要者得著齊衰要帶而兼包斬衰之帶也若婦人輕者得著齊衰首經而包斬衰之經故云輕者包也○重者特者男子重首特留斬衰之經婦人重要特留斬衰要帶是重者特也○注說所至可貳正義曰此言包特者謂於此斬衰既虞卒哭遭齊衰之喪或云包或云特者斬衰齊衰既是重服舉此言包特則知齊衰大功亦包特也卑謂男子卑要婦人卑首欲明卑者可以兩施兩施謂施於齊衰又得兼斬衰以其輕卑之故得可以兩施云而尊者不可貳者尊謂男子尊首婦人尊要故事尊正得尊於重服不可差貳兼服輕也○既練遭大功之喪麻葛重者斬衰既練男子除首經婦人除要經男子唯有要帶婦人唯有首經是其單也今遭大功之喪男子首空著大功麻經婦人要空著大功麻帶男子又以大功麻帶易練之葛帶婦人又以大功麻經易練之葛經是重麻也至大功既虞卒哭男子帶以練之故葛帶首著期之葛經婦人經其練之故葛經著期之葛帶是謂之重葛也○注此言至之重葛○正

義曰謂大功既虞卒哭之後大功葛帶輕於練之葛帶故男子反帶其練之故葛帶也云經期之葛經者以男子練時首經既除今經大功又既葬其首則有經大功之葛經今云期之葛經以大功葛經既與練之葛帶麤細相似非上下之差故大功葛經但麤細與期之經同故云經期之葛經但麤細與期同其實大功葛經前於服問篇已釋也云婦人經其故葛經帶期之葛帶者大功既葬之後大功首經輕於練之葛經故反服其練之故葛經帶謂婦人練後要帶已除今大功已葬其要則帶大功葛帶也謂之期葛帶者麤細與期同其實是大功葛帶也

齊衰之喪既虞卒哭遭大功之喪麻葛兼服之此言大功可易齊衰期服之節也兼猶兩也不言包特而兩言者包特著其義兼者明有經有帶耳不言重者三年之喪既練或無經或無帶言重者以明今皆有期以下固皆有矣兩者有麻有葛耳葛者亦特其重麻者亦包其輕○著張慮反○

【疏】齊衰至服之○正義曰此明齊衰既虞卒哭遭大功之喪以後服易前服之義也○麻葛兼服之者即前文輕者包重者特之義今齊衰既虞卒哭遭大功之喪易換輕者男子則大功麻帶易齊衰之葛帶其首猶服齊衰葛經是首有葛要有麻故云麻

葛兼服之兼服之文據男子也婦人則首服大功之麻絰要服齊衰之麻帶上下俱麻不得云麻葛兼服之也○注此言至其輕○正義曰包特著其義兼者明有絰有帶耳者以卑者可包尊須特著其尊卑之義故於斬衰重服言之兼者不取其義直云絰帶麻葛兼有故於齊衰輕服言之於男子而論其實同也云不言重者三年之喪既練或無絰或無帶言重者以明今皆有者鄭以既遭大功之喪麻葛重此文承麻葛重下所以不稱麻葛重者以三年之喪既練之後男子除首絰是或無絰也婦人除要帶是或無帶也所以稱重以於先既單今首絰皆有故須稱重云期以下固皆有矣者言男子首之與要固當皆有絰帶矣婦人亦然也既不似既練之單所以不得稱重也○

斬衰之葛與齊衰之麻同齊衰之葛與大功之麻同大功之葛與小功之麻同小功之葛與緦之麻同麻同則兼服之此竟言有上服既虞卒哭遭下服之差也唯大功有變三年既練之服小功以下則於上皆無易焉此言大功之葛與小功之麻同小功之葛與緦之麻同主爲大功之殤長中言之○爲于僞反長丁

丈反

兼服之服重者則易輕者也

服重者謂特之也則者則男子與婦人也凡下服虞卒哭男子反其故葛帶婦人反其故葛絰其上服除則固自受以下服之受矣

［疏］斬衰至服之○正義曰此明五服葛之與麻麤細相同同者與後兼前服也麻同則兼服之者以後服之麻與前服之葛麤細同則得服後麻兼前服葛也案服問篇小功緦不得變大功以上此小功之麻得變大功之葛緦之麻得變小功之葛謂成人大功之殤在長中服問已釋也○兼服之服重者則前文重者特是也○則易輕者也謂男子婦人則易換輕者前文輕者包是也○注服重至受矣○正義曰云則者則男子與婦人也者以前文麻葛兼服之但施於男子不包婦人今此易輕者男子則易於要婦人則易於首男子婦人俱得易輕故云則者則男子與婦人也云凡下服虞卒哭男子反其故葛帶婦人反其故葛絰者此明遭後服初喪男子婦人雖易前服之輕至後服既葬之後還須反服其前喪故云男子反服其故葛帶婦人反服其故葛絰但經文據其後喪初死得易前喪之輕注意明也後既易以滿還反服前喪輕服故文注稍異也

附釋音禮記注疏卷第五十七

嘉慶二十年重栞宋本禮記注疏附校勘記

泰和盧氏宣旬校栞

江西南昌府學栞

禮記注疏卷五十七挍勘記　阮元撰盧宣旬摘録

服問第三十六

傳曰有從輕而重節

三年既練首絰除矣爲父既練首絰除矣爲父既練衰七升嘉靖本閩監毛本同惠棟挍宋本宋監本首絰除矣爲父既練下無首絰除矣爲父既練八字是也岳本同考文引古本足利本同

變三年之練葛期既葬之葛帶閩監毛本岳本嘉靖本衞氏集說同戴震云期既葬之葛帶期字衍宜刪疏内同

傳曰至列也惠棟挍宋本無此五字

今各以其人明之或可閩監毛本同山井鼎云宋板明之或作今各以不可解疑有脫

誤

故下文罪多而刑五 閩監毛本同惠棟挍宋本文作云

若婦人則首經練之 閩監毛本同惠棟挍宋本若下有其字

或有九升者是義服齊衰也 閩監毛本同惠棟挍宋本無有字

故首經與期之經五寸有餘 閩監毛本同戴震云故首經下衍一與字

闕

則其首經合五分加一成五寸餘也 惠棟挍宋本閩毛本同監本加字空

闕

每可以經者謂於小功以下之喪 惠棟挍宋本以經下有必經二字此本脫

閩監本同

得變三年既虞卒哭 閩監毛本同惠棟挍宋本得作則

若姑之子婦從母子婦 閩監毛本同惠棟挍宋本從母下有之字衞氏集說同

文引春秋之時不依正禮者 閩監毛本同惠棟挍宋本引作別衞氏集說同

今春秋公羊既說妾子立爲君 閩監毛本同盧文弨云通典家禮載此無既字

云子不得爵命父妾 閩監毛本同通典無云字

以妾在奉授於尊者 閩監毛本同通典作以妾本接事尊者

故春秋左氏說成風 閩監毛本同通典故春秋作古春秋

女君卒繼攝其事耳 閩監毛本同盧文弨云繼下當有室字

閒傳第三十七

斬衰何以服苴節 惠棟云斬衰節齊衰之喪節斬衰節宋本合爲一節

莫一溢米 各本同毛本莫誤莫釋文出莫一

居倚廬 閩監本石經岳本嘉靖本衛氏集說同毛本廬誤閭

苄翦不納 閩監本石經岳本嘉靖本衛氏集說同毛本苄誤苄下苄翦同釋文出苄

柱楣翦屏 閩本石經岳本嘉靖本衛氏集說同監毛本柱作拄釋文亦作柱

斬衰至者也 惠棟挍宋本無此五字

今經大功又既葬 閩本同惠棟挍宋本同監毛本今作本

齊衰之喪節

不言包特而兩言者 閩監毛本岳本嘉靖本衛氏集說同惠棟挍宋本兩言作言兩考文引古本同

正義曰此明齊衰既虞卒哭 惠棟挍宋本無正義曰三字

斬衰之葛節

此竟言有上服既虞卒哭閩監毛本岳本嘉靖本衞氏集說同續通解竟作章考文引古本同

正義曰此此明五服惠棟挍宋本無正義曰三字

附釋音禮記注疏卷第五十七惠棟挍宋本禮記正義卷第六十四終記云凡二十六頁

禮記注疏卷五十七挍勘記

傳古樓景印